Johanna von Schulz

HEILENDE KRÄFTE IN DER MUSIK

JOHANNA VON SCHULZ

Heilende Kräfte in der Musik

Musiktherapie als Eingliederungshilfe
für alle Behinderten

DREI EICHEN VERLAG
MÜNCHEN 60 + ENGELBERG/SCHWEIZ

ISBN 3-7699-0379-X

Verlagsnummer 379

Alle Rechte vorbehalten.

© 1981 by Drei Eichen Verlag, 8000 München 60 + Engelberg/Schweiz

Nachdruck, auch auszugsweise, die fotomechanische Wiedergabe, sowie die Bearbeitung als Hörspiel, die Übertragung durch Rundfunk, Verfilmung und Übersetzung in andere Sprachen, bedürfen der ausdrücklichen Genehmigung des Drei Eichen Verlages.

1. Auflage 1982

Gesamtherstellung: Isar-Post, Landshut

Inhaltsverzeichnis

Seite

Geleitwort: Prof. H. Wiesener, Pädiater 8

Vorwort: J. v. Schulz, Musiktherapeutin 9

1. Teil: Einführung

Die historische Entwicklung der Musiktherapie 11

Musik als ethische Kraft	Urzeit	11
Musik als ästhetische Kraft	Antike	13
Musik als heilende Kraft	Mittelalter	14
	Neuzeit	15

2. Teil: Musik

Die Instrumente und die musikalischen Vorgänge
Klangphänomene — Wirkungen 21

Wirkungen der Klänge 21
Die Wirkung der Instrumente 22
Die Instrumente in ihren Zuordnungen 24
Objektive und subjektive Wirkung 36
Die Stimme 39
Seherlebnisse ohne Sicht — auch Blinde sehen 40
Hörerlebnisse ohne Gehör — auch Taube hören 40
Forschungsanalogien — akustische Phänomene — Harmonik . . 45

3. Teil: Musikheilkunde

Musik als Therapie 51

Die Formen und Einsatzmöglichkeiten der Musiktherapie . . . 51
Die Fachgebiete der Musiktherapie 52

	Seite
Musiktherapie als Basistherapie	54
Musiktherapie und andere Therapien	56
Heilkunst — die Einheit aller Therapiearten	56
Zielsetzung der musiktherapeutischen Behandlung	58

4. Teil: Praxis

Musiktherapie bei verschiedenen Krankheitsbildern . . . 61

Musiktherapie bei autistischen und schizophrenen Patienten	62
Musiktherapie bei antriebsgestörten Patienten	67
Musiktherapie bei Krampfneigung	68
Musiktherapie bei mongoloiden Patienten	71
Musiktherapie zur Sprachentwicklung	72
Schrittweise Entwicklungshilfen	75
Gruppentherapie — ein Schritt zur Eingliederung	76
Die Arbeit in der Gruppe	77
Gemischte Gruppen	78

5. Teil: Die Therapeuten

Der Musiktherapeut in Beziehung zu anderen Therapeuten, zu den Eltern — Der Patient als Therapeut 89

Der Musiktherapeut — mitmenschliche Schwingungen	89
Die Arbeit mit den Eltern	91
Zusammenarbeit aller Beziehungspersonen — Der Patient als Therapeut	93
Musiktherapie — ein Spiegel der Zeiten und der Volksmentalität	94

6. Teil: Neue Wege in Randgebieten

Vorbeugende Musiktherapie 97

Musiktherapie als Rehabilitationsweg 99

Die Arbeit in einer Strafanstalt	99
Die Arbeit mit Suchtgefährdeten	100

Seite

7. Teil: Der Behinderte als Teil des Ganzen

Der Behinderte und die Umwelt 103

Das Recht auf Bildung 103
Ein Weg zum Verständnis für Behinderte 104
Das Schicksal des Behinderten von der „Außenwelt" betrachtet 105

8. Teil: Das Schicksal der Eltern Behinderter

Elternberichte 107

9. Teil: Einzelschicksale von Behinderten

Therapieberichte 117

10. Teil: Bildteil 157

Schluß 195

Ergänzende Literatur 197

Notizen . . . . 200—203

Geleitwort

Wir leben in einer Zeit des Dominierens von Materie und Verstand über Gefühl und Seele. Die Zivilisationsseuchen werden als besiegt gemeldet. Behinderte Kinder werden vermehrt geboren und leben mit uns. Frühes Erkennen, frühe lebensbegleitende Betreuung und frühe soziale Eingliederung sind unsere Aufgaben im Rahmen der Sozialpädiatrie. Musik wird in die Behandlung körperlich, geistig und seelisch behinderter Kinder einbezogen. Sie verbindet Pädagogen, Psychologen und Ärzte, die bei meist mehrfach behinderten Kindern die Musiktherapie als gesteuerte Anwendung der Musik kennen und schätzen gelernt haben.

Einen Einblick in die persönliche Arbeit auf dem Gebiet der angewandten Musiktherapie vermittelt das vorliegende Buch von Frau von Schulz. Ihre eigene Auffassung hat sie in den letzten 10 Jahren nach langjähriger Praxis und Lehrtätigkeit formuliert. Musiktherapie ist im Begriff, so etwas wie eine Mode zu werden. Ideen, Wissen und Erfahrung sind auf diesem Gebiet die Voraussetzung für eine gute Arbeit. Unaufdringlich das behinderte Kind aus seiner Isolation zu lösen und nach seiner Eigenart in der Entwicklung zu fördern ist eine hohe Aufgabe.

So wünsche ich diesem Buch, daß es in die Hände von Therapeuten kommt, die in Praxis und Klinik an der Entwicklung und Eingliederung von behinderten Kindern mitwirken.

Prof. Dr. Heinrich Wiesener
Chefarzt im Diagnose-
und Behandlungszentrum
für mehrfach behinderte
Kinder, Berlin 19

Vorwort

Mit diesem Buch möchte ich den vielen theoretisch wissenschaftlichen Büchern auf dem Gebiet der Musiktherapie ein Buch der Praxis und der „empirischen Wissenschaft" gegenüberstellen. Die Erfahrungen basieren auf 20 Jahren Arbeit mit Behinderten aller Behinderungsarten und -grade und der Zusammenarbeit mit Ärzten, Therapeuten sowie Eltern von behinderten Kindern. So sind auch Originalberichte von Eltern aufgenommen, und ein Behinderter berichtet über sich selbst, um auch die Betroffenen selbst zu Wort kommen zu lassen. Oft wird vor lauter „Wissenschaft" der Mensch, dem sie dienen soll, vergessen; sie löst sich von ihm und geht an ihm vorbei, über ihn hinweg. In meiner Praxis steht neben den aus Forschung gewonnenen Erkenntnissen der Behinderte selbst im Vordergrund, der durch die Therapie „zu sich selbst kommen" soll, bis er seinen individuellen Weg als Persönlichkeit findet.

So soll das Buch Behinderten und ihren Eltern Hoffnung und Mut geben, Ärzte und Therapeuten über die vielfältigen Möglichkeiten der Musiktherapie informieren, Erziehern und Heilpädagogen Anregung und Impulse geben. Denn die Musik ist ein direkter Weg zum Menschen, durch ihre besondere Aussagekraft kann sie starke Heilkraft vermitteln.

Die Fotos der bekannten Fotografin Elisabeth Niggemeyer bringen diese Aussagekraft überzeugend zum Ausdruck.

Johanna v. Schulz

1. Teil: Einführung

Die historische Entwicklung der Musiktherapie

Urzeit

Urmusik

> Musik als ethische Kraft
> Musik als ästhetische Kraft
> Musik als heilende Kraft

Die erste musikalische Verständigung der Menschen erfolgte über große Entfernungen durch Schlagen an ausgehöhlte Bäume. Später wurden Steine und wiederum später Metallgegenstände zur Nachrichtenübermittlung verwandt, indem man gegen sie schlug. Aus diesen Vorformen entwickelten sich dann Musikinstrumente, die auch anderen Zwecken dienten.

Der Ursprung der musikalischen Heilkunde läßt sich schon in den ältesten Formen einer Kulturgeschichte suchen. Die Urmusik wird hauptsächlich durch zwei Faktoren bestimmt: „Abwehr und Kultus." Sie sollte von dämonischen Mächten befreien. Zauber- und Bannlieder, ekstatische Flammentänze sollten jene fernhalten, und in der Ekstase löste sich der Mensch von seinem Körper, um diesen zu überwinden. Aberglaube und religiöser Kultus waren teilweise eng verwoben. Die Menschen wollten sich in die Nähe der Gottheiten aufschwingen, dazu mußten alle Mächte, die sie an die Erde bannten, vertrieben werden. Der Kranke war ein Ausgestoßener, Gezeichneter, Krankheit war Dämon. So wurde zwar meistens nichts für den Kranken getan, aber man versuchte, sich vor ihm wie vor anderen Dämonen zu schützen.

Die Musik war auf das engste mit dem kultischen Tanz verbunden. Sie bestand daher mehr aus rhythmischen, sich ständig wiederholenden, gleichförmigen, als auch melodischen Elementen, sie sollte furchterregend, nicht schön sein. Die verschiedene Bedeutung lag dabei darin, ob die Musik mit Holz, Stein oder Metall erzeugt wurde sowie in der Länge und Kürze eines Tones. Die Melodie bewegte sich im meistens pentatonischen Raum, oder sogar nur auf einem Sprechton. Die Skala der musikalischen Formen reichte von dem primitiven Trommelwirbel des „Medizinmannes" bis zu den hymnenartigen Einweihungsgesängen der Priester in höheren Kulturen, z. B. in China, Indien, wo der Körper als Tempel des Gottes durch die Heilung der Seele mitgereinigt werden sollte, wie z. B. bei Taufen, Reinigung von Körper und Seele im Ganges und anderen, häufig musikalisch begleiteten Riten. Auch die Araber verwandten vielfach schon Musik als Heilmittel. Aus dem geheimnisvollen alten Tibet berichtet Medizinalrat Felix Kersten von seinem Lehrer Dr. Ko, einem chinesischen Naturarzt, Klosterschüler und tibetanischen Mönch, der in England den Doktorgrad erwarb: „Die Schalltherapie ist in Tibet seit undenklichen Zeiten beheimatet. Um diese oder jene Nerven in Schwingungen zu bringen, flöten oder trommeln Mönchsgruppen einen bestimmten Ton, der wochenlang nicht abreißen darf. Die Gruppen lösen sich von Zeit zu Zeit ab. Schließlich beruhigt sich das Nervensystem bei dem unablässig erklingenden Ton. In den tibetanischen Klöstern wissen die alten Medizin-Mönchspriester genau, auf welchen Ton einer Trommel oder eines angeschlagenen Kupferkessels die Nerven des einen und anderen Kranken reagieren."

David setzte seine Harfe gegen die Depressionen des Königs Saul ein, Orpheus wirkte durch seine magische Musik belebend auf Mensch und Kreatur. Überall begegnen uns in Sagen und Überlieferungen aus dem Altertum magische Heilwirkungen der Musik.

Antike

Musik als ethische Kraft
Musik als ästhetische Kraft
Musik als heilende Kraft

Die Musik — Muse — entstammt den Göttern.

Für die Griechen und die Priesterkasten Roms war Musik ein magisches Reinigungs- und Heilmittel bei den kultischen Festen des Jahres. Musik war der ethische Grundpfeiler des Staates. Die völlige Vereinigung mit der Musik sollte zur Vereinigung mit ihrem Ursprung, dem Göttlichen führen. Die Reinigung und Heilung — Katharsis der Seele — konnte erst die Heilung des Leibes als ihres Trägers zur Folge haben. Antike Philosophen vertraten die Ansicht, das ganze irdische Leben sei Krankheit, von der der Mensch durch Loslösung von der irdischen Hülle befreit werden könnte (Sokrates). Krankheit bedeutete hier nicht Ausgestoßensein, wie teilweise bei den Urvölkern, sondern Prüfung, Läuterung. Im Geistigen und Ethischen wurde die heilende Wirkung gesehen. Der geistigen Kitharodie (Kithara = Saiteninstrument) stand die vom Orient herkommende orgiastisch sinnlich betonte Aulodie (Aulos = Rohrblattinstrument) gegenüber. Verbindend wirkte das gesungene Wort und die Bewegung. Das Hauptgewicht lag nun in melodischer und harmonischer Schönheit.

Mittelalter

Musik als ethische Kraft
Musik als ästhetische Kraft
Musik als heilende Kraft

Im Mittelalter wurde die Musik stark mit dem religiösen Erleben verbunden. Die Menschen sollten geläutert werden zur Aufnahme des Göttlichen in sich selbst, zu völliger Harmonie. Dadurch wurden sie so in sich gefestigt, daß sie allen körperlichen Leiden entgegentreten konnten, entweder diese zu überwinden oder als gottgewollt zu ertragen. Die Schwere des Körperlichen, Stofflichen sollte durch das Geistige überwunden werden, so auch die Krankheit durch religiöse Übungen verbunden mit Musik. Der Priester verfügte über ein tiefes Wissen um die Natur und kosmischen Zusammenhänge, worin die Musik eingeschlossen war und um die Einwirkung der Musik auf den menschlichen Organismus.

Die bis hier geschilderte Musik hatte eines gemeinsam, ihre heilende Wirkung wurde weniger für den Körper gesucht als für die Seele, deren Heilung dann die Heilung des Körpers oft zur Folge hatte. Ihre Ausdruckskraft lag in der großen melodischen Linie, völlig schwerelos.

Bei der weltlichen Musik des Mittelalters sollte diese auf die Menschen so einwirken, daß sogar der Charakter beeinflußt werden sollte. Bei Totenfesten sollten die Toten, durch Musik gerufen, anwesend sein und auf die Lebenden magische Heilungskräfte überströmen lassen. Dazu wurden auch physisch Kranke mitgebracht. Die weltliche Musik des Mittelalters gipfelte im Meistergesang, wo Heilkräfte der Musik im Ethischen gesucht wurden. An den Dichter, Komponisten und Sänger wurden nicht nur in künstlerischer, sondern auch in ethischer Hinsicht höchste Ansprüche gestellt. Er sollte die Menschen zum inneren Gleichmaß führen, den ganzen Menschen erfassend.

Der Aberglaube im Mittelalter dagegen führt uns zum Teil in die Zeiten der Abwehrmusik der Naturvölker zurück. Die Krankheiten wurden personifiziert, sie sollten durch Bannlieder und Zauberlieder als Dämon ausgetrieben werden. So erfand man Musik gegen Veitstänze (Tarantella), gegen Krampfzustände, ganze Städte zogen der Pest mit Pauken und Trompeten entgegen. Gegen Geisteskrankheit wurde der Dudelsack angewandt. Man scharte sich um den Kranken. Ekstatische Tänze in bestimmten, sich wiederholendem Rhythmus sollten zur Abwehr und Heilung helfen und die Dämonen austreiben.

Andererseits kennen wir sogar Kompositionen, speziell zu therapeutischen Zwecken, auch aus früheren Zeiten. Graf Keyserling soll, als er in Moskau war, an Schlaflosigkeit gelitten haben. Er schrieb deswegen an Johann Sebastian Bach und bat um eine Schlafmusik. Bach schrieb die „Aria mit verschiedenen Variationen vors Clavicimbal" („Goldbergvariationen"). Er erhielt als Geschenk einen goldenen Becher mit 100 Louisdor gefüllt. So finden wir in Urzeit, Antike und Mittelalter schon viele Möglichkeiten einer Heilmusik, auf denen unsere heutige Musiktherapie aufbaut.

Musik als ethische Kraft
Musik als ästhetische Kraft
Musik als heilende Kraft

Neuzeit

Unsere Neuzeit betrachtet sich selbst und andere Epochen in viel größerem Maße kritisch, als es früher möglich war. Sie kennt das historische Denken, ist eine Epoche des Bewußtseins. Aber unsere Zeit ist auch eine Zeit der Vermassung und des sich immer mehr verbreitenden Materialismus, der Wurzel des Egoismus, wodurch viele Heilkräfte, die in der musikalischen Heilkunde der früheren Epochen, die noch eng verbunden mit dem Mythos waren, wurzelten, verloren gehen und wieder von Künstlern und Wissenschaftlern aus einem bewußten Denken heraus neu aufgebaut werden müssen. Wir wissen heute, daß von der Musik nicht nur heilende, sondern auch zerstörende Kräfte ausgehen können, wenn der Wille des Menschen ausgeschaltet und er in einen Rauschzustand versetzt wird, nicht in hoher Form wie in der Antike, sondern in berechneter niedriger Raffinesse. Die Musik wird auf bestimmte psychologische Wirkungen auf die Masse eingestellt.

Der schwedische Musiktherapeut Aleks Pontvik zog interessante Schlüsse daraus für die Wahlpropaganda: „Radikale Parteien bevorzugen Blechmusik, gemäßigte Parteien Streichorchester" (siehe Aulodie und Kitharodie in der Antike). So wird zwar durchaus die Macht der Musik gesehen und auch psychologisch ausgewertet, doch das Heilende der Musik ist ganz in den Hintergrund getreten vor dem berechnenden Effekt. Diese Dinge zu sehen, hält Pontvik für sehr wichtig, um als Gegenpol eine heilende Musiktherapie aufbauen zu können.

Im „Journal of Personality" berichten zwei Psychologen K. W. Matthews und L. K. Caron von der Universität Hamshire über eine Forschungsarbeit betreffend menschliche Hilfsbereitschaft bei Lärmbelastung. Sie stellten fest, daß starker oder anhaltender Lärm seelisch abstumpft und die Hilfsbereitschaft herabmindert. Die Menschen werden unsozial.

Der amerikanische Hirnspezialist Podolsky machte Versuche mit Messungen der Durchblutung und der Blutverteilung beim Hören von Musik. Bei aktiver Ausübung erfährt der Mensch eine stärkere Wirkung als bei passiver Aufnahme.

Der bekannte Musikpädagoge Hermann Erpf stellte fest: „Die Mutter singt nicht mehr." Das häusliche Musizieren ist zum größten Teil verdrängt durch Radio, Fernsehen, meistens als Geräuschkulisse, die den kindlichen Geist überbeanspruchen. Dieses führt oft zu schweren psychischen und physischen Schäden. In Amerika gibt es bereits für Kinder „Fernsehentzugsanstalten". Jedes kleine Kind nimmt Eindrücke direkt mit seinem ganzen Organismus auf und setzt diese sofort um, ohne sie erst zu verarbeiten. Die akustischen Erlebnisse sind ichnäher als die optischen Wahrnehmungen. Mit dem Hörvorgang sind mehr emotionale und soziale Qualitäten verbunden als mit dem gegenstandsnäheren Sehen. Das ganze Kind wirkt wie ein geöffnetes Sinnesorgan. Ebenso ist es mit vielen Behinderten. Sie haben bei einer indirekten Musikübertragung meistens nicht die Möglichkeit, die Verfälschungen der Originalklänge, die durch die Zwischenschaltungen entstehen, auszugleichen. Wenn wir eine Tonübertragung hören, so füllen wir das Vakuum mit

Erinnerungen an die schon einmal gehörte Klangfarbe eines Instrumentes, an den Zusammenklang, an ausführende Künstler. So bringt unsere Erinnerung Leben in die tote Materie der Tonkonserve. Kann dieses Vakuum nicht gefüllt werden, so wird das Gehörte zum Geräusch, welches das Gehör attackiert, ohne lebendige Inhalte zu vermitteln. Beim Fernsehen kommt noch das Bild hinzu, dessen vorgetäuschte Perspektive zusammen mit dem raschen Bildwechsel von kleinen Kindern und vielen Behinderten ebenfalls nicht aus Erfahrungen verkraftet werden können. Das Ohr wird abgestumpft, statt in Feinheiten geschult, das Auge wird zum Starren gezwungen, anstatt zur Beweglichkeit, die Motorik wird marionettenhaft, anstatt durchseelt. So treten Schädigungen in verschiedenen Bereichen auf. Auch die Krampfbereitschaft wird erhöht durch das Fernsehen. Die Schäden, die durch die Auswahl der Programme entstehen, die oft sehr unkindgemäß mit Gewalttaten gespickt sind, kommen zu den geschilderten organischen als seelische Schäden noch hinzu; also zum medizinischen Problem kommt das pädagogische hinzu. Ein Tierprogramm nach vorherigem Zoobesuch gibt vom Programm her wenigstens noch einen Sinn. Wenn einem Kind dagegen in der Atmosphäre der Geborgenheit eines harmonischen Elternhauses viel gute Musik geboten wird, so ist das dem Menschen noch im ganzen späteren Leben anzumerken. So sollte die „vorbeugende Musiktherapie" im Elternhaus, Kindergarten, Tagesstätte, Schule einsetzen. Wir sind heute leider weit davon entfernt, wie die Griechen die Musik als Grundpfeiler des Staates anzusehen, sie tritt immer mehr in den Hintergrund vor der intellektuellen Speicherung von Wissen.

Der Medizinmann der Naturvölker hat z. B. schon unbewußt angewandt, was heute auf wissenschaftlichen Erkenntnissen basiert. Es gibt heute schon Kliniken und Krankenhäuser, Heime, Institutionen, in denen bewußt mit den heilenden Kräften der Musik gearbeitet wird, um verschiedene Krankheiten zu beeinflussen und manchmal sogar zu heilen.

Betrachten wir als erste Gruppe die physischen Krankheiten, die seelischen Ursprungs sind: Aufregungen, Schockerlebnisse, Überlastungen führen oft zu Störungen im Organismus. Man sagt nicht umsonst: „Ärger verdirbt den Magen", „Die Galle läuft über", „Angst schnürt die Kehle zu" u. a.

Je intensiver ein Mensch erlebt, um so größer ist die Gefahr, daß er nicht nur vorübergehenden, sondern sogar organischen Schaden erleidet. Es treten plötzlich nach anfänglicher Nervosität Kreislaufstörungen auf, Kopfschmerzen, oft sogar Lähmungen. Auch Neurosen und Psychosen können Folge von seelischen Erlebnissen sein. Es ist heute oft schwer, die Grenze zwischen gesund und krank zu ziehen. Es ist sehr wichtig für die Therapie, sich über die Ursächlichkeiten klar zu werden.

Eine zweite Gruppe bilden die Patienten, die einen vorgeburtlichen oder Geburtsschaden haben oder eine Krankheit durchgemacht haben, die Störungen zur Folge hat, wie Cerebralparesen, Encephalitis, Epilepsie, Poliomyelitis u. a., die aber leider außerdem noch meistens jener ersten Gruppe zugeordnet werden müssen. Den Erkrankungen vorzubeugen und im akuten Falle sie so weit als möglich zu lösen, haben sich die Musiktherapeuten zur Aufgabe gemacht:

1. In Kinderheimen, z. B. Bethel, in allen „Heimen für seelenpflegebedürftige Kinder" u. a. wird musiktherapeutisch gearbeitet mit besten Erfolgen.

2. In Kliniken, Krankenhäusern. Aleks Pontvik war einer der Pioniere auf dem Gebiet der Heilmusik. Er nannte seine Therapie: „Psychorhythmie". In Schweden gibt es viele Kliniken, die auf seiner Therapie aufbauen, z. B. die Universitätsklinik in Lund. Dort wurde eine rasche Heilung verschiedenster Krankheiten erreicht.

3. In der Chirurgie soll das Erregungsstadium vor der Narkose durch Musik gedämpft werden. Eine Lockerung und Ent-

spannung vor der Operation soll erreicht werden, eine Linderung der Schmerzen und Beendigung der Angstzustände, die zu Verkrampfungen führen können, was dem Chirurgen den operativen Eingriff erschwert.

4. Auch in die zahnärztliche Praxis wird die entsprechende Wirkung der Musik heute schon eingebaut.

Der Prager Musiktherapeut Raudnitz war 1848 der erste, der systematische Untersuchungen über die Beziehung der Musik zur Medizin anstellte. Raudnitz forderte direkte Musik, keine Musikkonserve, aber Anonymität des Musizierenden. Auch in Deutschland und anderen Ländern wird Musiktherapie in psychiatrischen und internen Kliniken mit viel Erfolg angewandt. Außerdem gibt es in mehreren Ländern auch orthopädische Kliniken, die sich die heilenden Kräfte der Musik zunutze machen, z. B. die orthopädische Landesklinik Süchteln. Dort wurde von den Kranken eine Kapelle gegründet, bei der jeder ein Instrument übertragen bekommt, das speziell für seine Krankheit heilend wirken soll.

Bedeutende Vertreter unter den Ärzten und Therapeuten sind: Dr. Rudolf Kinsky, der die Yoga-Flöte zur Narkotisierung anwendet; Dr. Nettesheim, der meint, daß Musik „auf dem Wege über die Hirnrinde bessernd und sogar heilend auf erkrankte Organe wirken kann"; James A. Young, der in Baltimore Musik mit großem Erfolg zur Besserung spinaler Kinderlähmung anwendet; Prof. Cesar Bresgen berichtete in „Musik in der Medizin" über das „musikalische Schaffen als Heilmöglichkeit". Er hat bemerkenswerte Erfolge erzielt bei der Überwindung von Angstzuständen und seelischen Hemmungen. Die anthroposophische Musiktherapie hat viele Vertreter ihrer Musiktherapierichtung in verschiedensten Ländern, in anthroposophischen Kliniken und Kinderheimen wird Musiktherapie schon lange zum festen Bestandteil des Therapieplanes. Gertrud Orff (München) arbeitet mit großen Erfolgen bei behinderten

Kindern mit „Orff-Instrumenten". Dr. P. Stankovic (Gelsenkirchen) hat eine neue Methode der musikalischen Psychotherapie entwickelt, die mit einer genau ausgearbeiteten Diät auf Rohkostbasis zu erstaunlichen Erfolgen geführt hat bei bereits aufgegebenen Fällen. Seine Therapie strebt die Harmonisierung von Leib, Seele und Geist an. Daß der Ernährung ein großes Gewicht im Heilungsprozeß zugemessen wird, finden wir schon bei großen Arztpersönlichkeiten des Altertums, wie Hippokrates; des Mittelalters, wie Paracelsus, und der Neuzeit, wie Dr. P. Stankovic und Dr. K. König, der sagte: „Die Heilpädagogik fängt im Kochtopf an."

Weitere Pioniere auf diesem Gebiet waren und sind Dr. Teirich; Dr. König, der Begründer der Camphill-Bewegung; Dr. Blanke (Bad Salzuflen), der in Tat und Schrift Pionierarbeit leistete; Dr. Breitenfeld (Zagreb), der große Erfolge mit Alkoholikern hat; Dr. Bang, Dänemark, der — wie Prof. Guberina (Jugoslawien) — große Erfolge mit tauben Patienten aufzuweisen hat; Y. Alvin (London), die besondere Erfolge mit autistischen Kindern hat. Außer diesen erwähnten gibt es noch viele Wegbereiter für das umfassende Gebiet der Musiktherapie, die in den verschiedensten Richtungen tätig sind. Ausbildungs- und Fortbildungsmöglichkeiten gibt es in den USA, in Wien, Salzburg, London, Berlin, Paris, Zagreb, ferner in Holland, Dänemark, Rußland.

Meistens sind es musikbegeisterte Mediziner (Arztmusiker) oder medizinisch interessierte Musiker, die sich der Musiktherapie widmen und mit viel Idealismus und Opferbereitschaft und oft mit viel Mut immer neue Möglichkeiten durch ihre Praxis und ihre Forschungen erschließen.

2. Teil: Musik

Die Instrumente und die musikalischen Vorgänge
Klangphänomene — Wirkungen

Wirkungen der Klänge

Die objektive Wirkung der Instrumente und musikalischen Elemente, ergänzt durch die subjektive Wirkung, dringt in Bereiche ein, die außerhalb der Willensregion liegen. Jedes Klangphänomen hat seine bestimmte Wirkungsweise, der sich niemand entziehen kann. Wir sind einer Welt von Klangwirkungen verschiedenster Art ausgeliefert, z. B. Flugzeuglärm, Maschinen etc., es gibt kaum noch Orte der Stille. Die Annahme, daß Gewöhnung zur Verminderung der Auswirkung führt, beruht auf einem fatalen Irrtum. Denn die Gewöhnung führt nur zu einer Abstumpfung der äußeren Sinneswahrnehmung und dadurch zu einer Verdrängung in unbewußte Bereiche. So ist für die Schäden, die z. B. durch ständige Geräuschattacken entstehen, keine Abschwächung entstanden, sondern der Schauplatz der Auswirkung hat sich verlagert. Unterschwellige Auswirkungen sind sogar verstärkt und kommen oft in ganz anderen Bereichen wieder an die Oberfläche. Das begegnet uns z. B. oft bei Patienten mit autistischen und schizoiden Syndromen, die eine Reizüberflutung durch Umwelteinflüsse durch Zurückziehen in eine selbstgeschaffene Scheinwelt beantworten, bis zur scheinbaren Unansprechbarkeit. Halluzinationen, aggressives Verhalten werden oft nicht im Zusammenhang damit gesehen. Diese Tatsache, — daß niemand sich den Wirkungen von Klangphänomenen entziehen kann; man denke z. B. an Frequenzen, die unter und über unserem akustischen Hörbereich liegen und die von Tieren noch wahrgenommen werden, und trotzdem ihre Wirkung haben, — diese Tatsache wendet der Musiktherapeut gezielt an. Durch den gezielten Einsatz therapeutisch wirksamer Instrumente in ihren verschiedenen Klangfarben werden Regionen angesprochen, sowie Vorgänge harmonisierend und ausgleichend beeinflußt, die im Unbewußten wurzeln. Indem bei dem Patienten durch die musiktherapeutischen Übungen mit verschiedenen Instrumenten verschiedene Bereiche angesprochen werden, die auch außerhalb seiner Willensregion liegen, kann diese Hörtherapie innere „Ohren" öffnen. So ist unbewußtes Aufnehmen dann der erste Schritt zu immer bewußterem Lauschen, wohin der Patient durch die intensive Klangwirkung geführt wird, auf einem Weg aus tiefster Isolierung nach „außen", auf die Umwelt zu.

Lauschen ist ja bereits ein Sichlösen auf etwas zu, das außerhalb der eigenen Sphäre liegt. So wird dadurch oft der erste Kontakt zur Außenwelt gebahnt. Es ist oft ein weiter Weg, bis ein solcher Patient beginnt, Klangfarben zu unterscheiden, erst durch unbewußte Reaktionen des Wiedererkennens, dann immer bewußter bis dahin, daß er selbst auf den Instrumenten Klänge erzeugen kann, ohne daß die Instrumente als Ziel von Zerstörungswut durch den Raum fliegen, zertrampelt oder gewaltsam zerstört, zerbrochen werden. Hat der Patient die Möglichkeit gefunden, lauschend sich in eine Klangwelt hineinzulösen, so ist der Anfang gemacht, auch Kontakte zu Gegenständen, zur Umwelt, zu Menschen aufzubauen, bis zur Eingliederung in eine Gruppe. Wird dann weiterführend das Lauschen zu immer bewußterem Hinhören intensiviert bis zur Eigenaktivität des Patienten durch eigenes Spiel auf Instrumenten, Bewegungs- und Partnerspiele, Tanz, Darstellungsspiele etc., so ist das angestrebte Hauptziel, die Eingliederung in die Gemeinschaft, erreicht.

Die Wirkung der Instrumente — Tonquantität und Tonqualität

Bei der Wirkung der Instrumente und musikalischen Vorgänge unterscheiden wir eine objektive und eine subjektive, es tritt also zu der objektiven Wirkung, die auf alle Menschen gleich ist, eine subjektive, individuelle hinzu. Eine wesentliche Wirkung der Instrumente ergibt sich aus ihrer quantitativen Zuordnung, die meßbar ist. Die Tonquantitäten beruhen ja auf der Größe eines Instrumentes, der Länge einer Röhre oder der Saiten, der Dicke des Materials etc., also auf Proportionsverhältnissen, Quantitäten, die sich in Zahlen (Schwingungszahl, Frequenz etc.) ausdrücken lassen. Daraus ergeben sich Tonhöhe, Lage, Tondauer, Tonstärke etc. Den Tonquantitäten stehen jedoch die Tonqualitäten gegenüber, die mit Meßgeräten heute noch kaum bis in letzte Differenzierungen meßbar sind, obwohl ihre Wirkung oft noch tiefgreifender sein kann. Sie gehören zu denjenigen Phänomenen, die sich einer solchen Betrachtungsweise entziehen, die nur das anerkennt, was in Zahlen ausdrückbar ist oder was materiell greifbar ist. Denn diese Tonqualitäten beruhen auf Eigenschaften, u. a. auf der Bauart, der Form der Instrumente, dem Material, der Spielweise etc. als Basis für die Klangfarbe. Bei gleicher Tonquantität kann die Tonqualität verschieden sein. Die Tonqualität ist abhängig erstens von der Art des Materials (z. B. klingt der gleiche Ton auf zwei gleichgroßen Flöten aus verschiedenem Holz verschieden, nicht in der Tonhöhe, aber in der Klangfarbe), zweitens von der Bauart (eine Gitarre klingt bei gleicher Stimmung anders als eine Laute), drittens von der Art der Tonerzeugung (z. B. Gebrauch verschieden harter Klöppel oder verschiedener Anschlagsarten: Zupfen, Streichen bei Saiteninstrumenten). Alles, was in das Gebiet der Tonqualität gehört, ist heute noch nicht materialisierbar, sondern nur empirisch feststellbar. Auch Feuchtigkeits- und Wärmeverhältnisse des Raumes spielen eine Rolle. Tonquantität und Tonqualität bilden eine Einheit, die erst in ihrem Zusammenwirken das Tonerlebnis voll gestaltet und die Wirkung hervorruft. So ergibt sich aus diesem Zusammenwirken, daß neben den heute bekannten meßbaren Schwingungen noch unbekannte, noch nicht meßbare „Schwingungen" anerkannt werden müssen und Gegenstand der Forschung werden. Die oben erwähnte Tatsache, daß sich den Wirkungen von Klangphänomenen niemand entziehen kann, würde darin eine einleuchtende Erklärung finden. So haben wir gesehen, daß

Tonquantität und Tonqualität in ihrem Zusammenwirken bei den Instrumenten bestimmte Zuordnungen ergeben. Aus diesen ergibt sich dann die therapeutische Zuordnung, den Bereichen entsprechend, die im Menschen angesprochen werden.

Die Instrumente in ihren Zuordnungen

Die Art des Materials der Instrumente: Metall, Holz, Fell, Darm, Bogenhaar etc. prägt die Klangfarbe, in verfeinertem Maße noch, welche Art von Metall, Holz etc. Wichtig ist auch, ob das Instrument aus reinem Material oder aus kombinierten Materialien besteht. Instrumente aus nur einem Material können nur einstimmig im Einklang gespielt werden, die kombinierten Instrumente können Vielklänge erzeugen.

So gewinnen wir folgende Einteilung:

Klang als Urphänomen

Melodie Blasinstrumente

Blech	Holz	Ton	Horn
Mineral	Pflanze	Mineral	Tier

reines Material = Einklang
Kopfregion
Denken
Wahrnehmung

Harmonie Saiteninstrumente

Streich-, Zupf-Instrumente
Pflanze + Tier oder Mineral
Kombination von Material = Vielklang
Mitte: Atmung, Kreislauf
Fühlen
Sensorik

Rhythmus Schlagwerk

Metall	Holz	Fell	u. a.
Mineral	Pflanze	Tier	Mineral
			Tier
			Pflanze

reines Material + Kombinationen = Einklang oder Vielklang
Glieder
Wollen
Motorik

Hinzu kommt das dynamische Element Tempo und Lautstärke.

Aus diesem Schema ist erkennbar, daß sich aus der Art der Instrumente bestimmte Zuordnungen ergeben. Mineral, Pflanze und Tier geben uns das Material. Das Mineral ist dem Menschen am entferntesten. Man kann z. B. ein Steinliebhaber sein, doch eine ganz persönliche Liebe zu einem Stein wird wohl kaum jemand empfinden. So ist auch der Klang, der auf Instrumenten mineralischer Herkunft erzeugt ist, ein objektiverer, nicht so emotionaler. Eine Liebesarie begleitet von einer Posaune ist noch nicht komponiert worden. Das Holz steht uns schon näher, denn zur Pflanze haben wir schon eine direktere Beziehung, da das Leben in ihr, das wir pflegen, sichtbarer ist. So kann auch der wärmere Holzklang Wärme des Empfindens gestalten, und von einer Geige sagt man ja sogar, daß sie weinen und lachen und jubeln und schluchzen kann. Das Tier steht uns am nächsten, wir können eine ganz persönliche Liebe zu einem Tier empfinden und vor allem auch das Tier zu uns, was weder den Mineralien noch den Pflanzen möglich ist. So braucht die Geige z. B. um diese Ausdruckskraft des Seelischen zu entfalten, die Saiten und das Bogenhaar. Das Holz allein vermag es noch nicht. Und nun brauchen alle Instrumente die gestaltende Kraft des Menschen, um überhaupt erklingen zu können, den lebendigen Atemstrom, die belebten Hände, vor allem den schöpferischen Impuls, wodurch nur der Mensch die unbelebte Materie zum Leben erwecken kann. Die Materie, die einst ein Leben in sich hatte, wird erneut zu einem Leben anderer Art

erweckt durch den schöpferischen Geist des Menschen. Und dieses neue Leben kann Heilkräfte in sich bergen, weil es ein Teil ist der Harmonie, die die ganze Schöpfung umfaßt.
Zusammengesetzte Instrumente wie Tasteninstrumente, Balginstrumente, Zungeninstrumente haben entsprechend auch komplexe Wirkungen.

Zuordnung der Instrumente zu den Altersstufen

Altersstufe	Tonlage	Instrumente
Säugling (bis ca. 1 Jahr) zunächst unkoordinierte Grobmotorik, danach Schaualter, Greifalter, Körperstellreflexe, Beginn spontaner Gehbewegungen	hoch	Singen mit Hautkontakt (auf dem Schoß, Fingerspiele)
Kleinkind (ca. 2—3 Jahre Spielalter) Robben, Krabbeln, Kriechen, Laufen, Hüpfen, Springen — dann erst Gehen. Bei Behinderten müssen die übersprungenen Bewegungsstufen nachgeholt werden. Nachahmung von Erlebtem, freie Phantasiegestaltung, Sprachentwicklung	hoch	Grobschlagwerk, der Grobmotorik entsprechend. Es muß sich mit den Instrumenten bewegen können, da es völlig aus der Bewegung lebt.
Kleinkind (ca. 4—5 Jahre) Beginn der Feinmotorik; sensorische Schulung, einfaches kausales Denken	hoch	Grobschlagwerk, etwas Feinschlagwerk, Saiteninstrumente mit Klöppel oder Fingern angeschlagen.
Vorschulkind (bis zum abgeschlossenen Zahnwechsel) Entwicklung der Feinmotorik; Schulung des sozialen Verhaltens.	hoch	Feinschlagwerk, Glockenspiel, Xylophon, Saiteninstrumente mit Klöppel angeschlagen.

Altersstufe	Tonlage	Instrumente
Schulkind (ca. 7—11 Jahre) Schulung der Feinmotorik und des Denkens; intellektuelle Schulung; Schulung des sozialen Verhaltens; psychische Entwicklung.	hoch mittel	Feinschlagwerk, Glockenspiel, Xylophon, einfache Zupfinstrumente, Blockflöte (nicht früher, da ihr Spiel eine noch nicht vorhandene Feinmotorik erfordert und da sie im Sitzen oder Schreiten gespielt werden muß, was den vorigen Entwicklungsstufen nicht entspricht). Hier wird sie zur Hilfe zum Stillsitzen und zur Denkleistung. Streichspalter, Gitarre und Geige nicht zu früh (ca. 8 Jahre).
Vorpubertät (ca. 11—13 Jahre) Entwicklung zur Selbständigkeit.	mittel tief	Schlagwerk, Blockflöte (tiefere Lagen), Gitarre, Streichpsalter (tiefere Lage), Klavier, Geige, Violoncello, Krummhorn, Akkordeon, Querflöte.
Pubertät (ca. 13—15 Jahre) Ichstärkung; Sozialbewußtsein.	mittel tief	Schlagwerk, Gitarre, Streichpsalter (tiefe Lage), Klavier, Akkordeon, Geige, Violoncello, Krummhorn, Querflöte, Klarinette, Oboe, Trompete, Posaune etc.
Postpubertät (Jugendliche ca. 14—18 Jahre) Adoleszenten (Heranwachsende 18—21 Jahre)	tief	Blechblas-Instrumente und Klarinette und Oboe niemals zu früh wegen der dafür notwendigen Atemkapazität! Blutdrang zum Kopf!

Dieses Schema entspricht dem Schema über die Zuordnung der Instrumente zu „Klang als Urphänomen". Dem kleinen Kind entspricht die Ausbildung der Motorik = Schlagwerk, erst grob, dann fein, dann folgt die Entwicklung der Sensorik und der psychischen Entwicklung = Saiteninstrumente, dann die Entwicklung des Denkens = Blasinstrumente.

Die Entwicklungsphasen des Menschen

Das Wachstum des Menschen verläuft im Gegensatz zum Tier in Schüben. Nie sind mehrere Bereiche gleichzeitig im Wachstum begriffen. Der erste große Einschnitt: vom 3. Lebensjahr an beginnt die Dominanzausbildung und Lateralisierung, d. h. das Kind wird mehr rechts oder links orientiert. Mit der Lateralisierung wächst der Eigenwille, das Ich beginnt sich auszuprägen. Wird ein Linkshänder auf rechts gedrillt, so kann es zu motorischen, sogar zu neurotischen Störungen kommen. Die Handdominanz ist die Hauptdominanz, nach ihr müssen die Dominanz von Fuß, Auge und Ohr ausgerichtet werden. Ist die Dominanz ungleich verteilt, entstehen Störungen. Erlebnisse, die vor der Lateralisierung, also vor der Gehirnteilung, aufgenommen werden, haften besonders stark im Gedächtnis. Z. B. überwiegen beim alten Menschen Erinnerungen aus der frühen Kindheit. Die Lateralisierung und Dominanzausbildung findet ungefähr im neunten Lebensjahr, in der Latenzphase ihren Abschluß.

Der zweite Einschnitt ist der Zahnwechsel. Oft beansprucht er den Körper so stark, daß die Kinder erst danach eingeschult werden sollten. Die Tendenz, Kinder zu früh mit schulischen Lernprozessen zu belasten, hat zu Überforderungen und schweren Schäden geführt. Der Gestaltwandel vom oft rundlich erscheinenden Kleinkind zum eckig aussehenden Schulkind ist häufig erkennbar. Zuweilen kommen Übergangsformen vor. In der Latenzphase (ca. 9. Jahr) ist die Gestalt oft am harmonischten. In der Pubertät geht die Gestalt in die Länge, man sieht die schlaksigen Jungen und Mädchen, denen ihre Glieder oft im Wege sind.

Der dritte große Einschnitt ist die Pubertät.

Schon im Embryonalstadium finden wir eine Entwicklung in Schüben mit bestimmten Phasen und Einschnitten. Spätere Behinderungen aus praenataler Zeit entsprechen dem Bereich, der in der entsprechenden Entwicklungsphase ausgebildet wurde, als die Störung eintrat.

Die Temperamente in ihrer Zuordnung zu den Instrumenten

Wir unterscheiden bei den Temperamenten altersmäßig bedingte und individuelle Temperamente. Das erste wechselt in den verschiedenen Lebensphasen, das zweite gehört zu den Charaktereigenschaften eines Menschen. Nun können beide Temperamentsarten sich verstärken, wenn sie zusammenfallen, sich ergänzen, oder sogar sich fast aufheben, wenn sie gegensätzlich sind.

Ein kleines Kind ist fast immer sanguinisch — Welteroberung. Mit der Lateralisierung und Dominanzausbildung setzt eine cholerische Phase ein (Trotzphase — Neinphase), in der das Kind seine Persönlichkeit auszuprägen beginnt. Es beginnt „ich" zu sagen und seinen Willen kundzugeben. Vor der Schulzeit, beim Beginn des Zahnwechsels sind viele Kinder in einer melancholischen Phase (Heulkinder). In der Vorpubertät kann man oft eine stark aggressive, cholerische Phase beobachten. Während der Pubertät kommt das melancholische Temperament wieder mehr zum Durchbruch (Weltschmerz). Auch später wechseln die Phasen in bestimmten Rhythmen — cholerische Phasen: „Wir können alles besser, die Alten machen alles falsch." Sanguinische Phasen: Reisefieber, Expansionsdrang, Kommunen etc. In den Wechseljahren beobachten wir besonders bei Frauen eine stark depressive, melancholische Phase. Im Alter setzt dann häufig das Phlegma ein. Jetzt zeigt es sich, wie weit das individuelle Temperament durch die Entwicklung des Menschen ausgeglichen werden konnte. Das Ziel dieser Entwicklung sollte die Harmonie sein: heitere Gelassenheit als Ausdruck gebändigter Kraft. Hier wird die Brücke zum Kind recht gebaut, wenn alte Menschen wieder kindlich heiter sind, ohne kindisch zu sein.

Jeder Mensch trägt eigentlich alle 4 Temperamente in sich. Nur überwiegen fast immer das eine oder das andere Temperament. Ein cholerisches Kind wird die „Trotzphase" besonders intensiv durchleben, ein depressiver Jugendlicher wird in der Pubertät besonders den „Weltschmerz"-Gefühlen ausgesetzt sein usw.

Ist jedoch ein cholerischer Jugendlicher in der gleichen Entwicklungsphase der Pubertät, wird er die melancholische Tendenz nicht so stark durchleben. So wie sich beide Temperamentsarten verstärken und abschwächen können, so können sie eine Gefährdung bedeuten, wenn sie ins Extreme gedacht werden. Und wenn wir sie uns noch bis ins Äußerste gesteigert vorstellen, so können sie krankhaft werden. Ein Melancholiker in seiner Übersteigerung würde als depressiv erscheinen, der Phlegmatiker kann bis zur Antriebslosigkeit, zur Apathie absinken. Der Choleriker im Extrem kann sich in das Erscheinungsbild der Hysterie steigern, der Sanguiniker gerät in einen ständig erethischen Zustand bis zu schizoiden Erscheinungen. Auch bei diesen krankhaft übersteigerten Temperamenten kann das individuelle Temperament verstärkend oder auch abschwächend wirken. Es kann aber auch umgekehrt sein, daß das individuelle Temperament durch den Krankheitszustand so überdeckt wird, daß es nicht mehr erkennbar ist. So ergeben sich „Scheintemperamente", z. B. wenn ein Spastiker so behindert ist, daß sein individuelles cholerisches Temperament gar nicht zum Durchbruch kommen kann, so daß er in ein Phlegma gezwungen wird. Temperamente ins Extreme verschoben sind = krankhafte Erscheinungen. Krankhafte Erscheinungen = Scheintemperamente.

In der Musiktherapie spielt diese Temperamentenlehre eine nicht unwesentliche Rolle. Der Therapeut muß versuchen, das oft durch die Behinderung blockierte echte Temperament hinter dem „Scheintemperament" hervorzulocken. Ein Choleriker braucht Instrumente, die ihm die Möglichkeit geben, sein cholerisches Temperament auszugestalten und dadurch in gesunde Bahnen zu lenken, „harte Nüsse" z. B. Pauken, Holzstabspiele, Becken etc. Ein Melancholiker braucht Instrumente, die ihn innerlich festigen, in seiner Persönlichkeit, ohne ihn zu überfordern, er braucht ein ständiges Erfolgserlebnis. Streichinstrumente, Metallstabspiele, Becken sind oft geeignete Instrumente. Ein Sanguiniker braucht eine Vielfalt an Instrumenten, Blasinstrumente, Zupfinstrumente und leichtes Schlagwerk kommen seinem luftigen Element entgegen. Der Phlegmatiker muß durch ein „aktivierendes Instrumentarium" aus seiner Lethargie herausgeführt werden. Baßstäbe, Pauken werden allmählich durch erst groberes, dann feineres Schlagwerk abgelöst, bis evtl. ein tiefes Streichinstrument möglich wird.

Das feurige Element des Cholerikers (Hitzkopf), das wäßrige Element des Melancholikers (nah am Wasser gebaut), das luftige Element des Sanguinikers (Expansionsdrang) und das erdige Element des Phlegmatikers (Beharrungs-Festigkeit) müssen ihren Spiegel in der Arbeit mit ihnen finden. Dort beginnend, wo sie sich befinden, führt der Weg aus der Einseitigkeit zum harmonischen Ausgleich aller Temperamente, wobei die Instrumente eine große Hilfe bedeuten können.

Die Instrumente in ihrer Zuordnung zu den Bewegungsformen:

Bewegungsform:	Raumebene:	Instrumente:
Stampfen:	rechts-links oben-unten	Pauke, Baßstäbe, Gong Holzblocktrommel
Patschen:	rechts-links oben-unten	Xylophon, Metallophon Glockenspiel
Schnalzen: Schnipsen:	vorne	Kastagnetten, Rassel, Rumbakugeln, Triangel, Glockenkranz

Bewegungsform:	Raumebene:	Instrumente:
Klatschen:	rechts-links	Cimbeln, Becken, Handtrommeln,
	vorne-hinten	Trommeln, Röhrentrommeln, Triangel,
	oben-unten	Schellenkranz, Schellentrommeln, Klangstäbe etc.
Robben: Krabbeln: Kriechen:	unten	Violoncello, Streichpsalter, Baßstäbe, Chrotta, Gamben, Fideln, Dulzian, Krummhorn, Becken (schwingende)
Gehen:	rechts-links	die gleichen Instrumente, Trommeln,
Schreiten:	vorne-hinten	Klarinette, Flöte, Schlagwerk, Gong
Laufen:	rechts-links	Streichpsalter, Geige, Fidel, Gambe,
	vorne-hinten	Xylophon, Krummhorn, Zink, Harfe, Gitarre, Laute, Trommeln, Schlagwerk, Cembalo
Springen: Hüpfen:	rechts-links vorne-hinten	Xylophon, Gitarre, Laute, Flöte, Okarina, Posaune, Trompete, Horn,
	oben-unten	Trommeln, Pauken, Baßstäbe, Glockenspiel, Balalaika, Gusli, Schlagwerk
Tanzen:	in allen Ebenen	Alle Instrumente je nach Bewegungsform, Klavier.
Bewegungsspiele:	alle Ebenen;	alle Instrumente
Radfahren:	rechts-links vorne-hinten oben-unten	

Es ist wichtig, daß zuerst die Bewegungsformen geübt werden, erst dann erfolgt ihre Übertragung auf die Instrumente, d. h. die körpereigenen Instrumente werden erweitert auf die Musikinstrumente. Alle Übungen führen zur Koordination aller Körperteile und Sinne sowie zur Raumorientierung — zum Umweltbewußtsein.

Die Wirkung der musikalischen Elemente und deren Zuordnungen

Auch die musikalischen Vorgänge haben eine quantitative Seite: Intervalle, Tonskalen, Takt etc. und eine qualitative: Tonarten, Dynamik, Rhythmus etc. Auch hier macht die Einheit des Zusammenspiels beider Seiten erst das ganze Tonerlebnis aus.

Eine aufwärtsgehende Skala mit großen Intervallen kann stark extrovertierend wirken, eine abwärtsgehende Skala mit kleinen Intervallen introvertierend. Daß den verschiedenen Tonarten ganz bestimmte Wirkungen zugeordnet wurden, können wir feststellen an ihrer Einteilung in griechischer Zeit und im Mittelalter, wo es sogar Tonskalen gab, die als „tabu" galten. Wir können es auch ablesen an vielen Werken großer Meister, bei denen gerade die Wahl der Tonart mitbestimmend ist für den Charakter des Musikstückes, wobei sich die gleichen Tonarten für die gleichen Inhalte oft wiederholen, z. B. F-Dur als Tonart des strömenden Lebens in der Natur (Beethoven „Pastorale", Vivaldi „Frühlingskonzert" u. a.), d-Moll als Tonart des erstarrenden Lebens (Schubert: „Der Tod und das Mädchen", wo dem Mädchen F-Dur und dem Tod d-Moll zugeordnet wird (u. a.). Diese Beispiele lassen sich noch vermehren.

Musik ist Bewegung. Sie erzeugt Bewegung und wird durch Bewegung erzeugt. Bewegung erzeugt Rhythmen (fallende Regentropfen, Wellen, Ebbe und Flut, Tageszeiten, Jahreszeiten etc.). Rhythmen finden wir in der Natur als deren Bewegung, in der Musik spiegeln sich diese wider. Der Takt dagegen ist eine rein menschliche Erfindung; es gibt in der Natur keine entsprechende starre Gleichförmigkeit, sondern alles ist fließendes Werden — Rhythmus. Auch Melodie, Harmonie und Dynamik können wir in der Natur finden, aus dem Rhythmus geboren.

Die Wirkung einer schlichten Melodie, einer volltönenden Harmonie, eines lebendigen Rhythmus, verschiedener Formen und einer ausgewogenen Dynamik führen zu einem Ausgleich gestörter Formen und zu einer Harmonisierung des Leib-Seele-Geist-Akkordes — zur Ordnung. In der Musiktherapie werden nun auch die musikalischen Elemente gezielt therapeutisch eingesetzt wie die Instrumente. Nun können beide sich gegenseitig verstärken, wenn ihre Wirkungsweise in die gleiche Richtung geht, sie können sich ergänzen oder sogar abschwächen, wenn die Richtung eine verschiedene ist, z. B. spielt man eine introvertierende melodische Folge auf einem extrovertierenden Instrument oder umgekehrt, dies läßt viele Differenzierungen zu, wodurch die Musiktherapie vielseitige Anwendung findet.

Die Zuordnung der musikalischen Elemente zu den Altersstufen

Altersstufe	Lage	musikalisches Element
Säugling Kleinkind	hoch	Pentatonik Sie ist eine halbtonlose Melodik ohne Grundton. Sie geht von einem Mittelton aus und setzt sich wellenförmig fort in unendlicher Melodie.
Expansionsdrang		Jedes unverbildete kleine Kind singt von sich aus pentatonisch, es kennt keine Einengung; dem Expansionsdrang entspricht die Weite der Melodik.
Vorschulkind	hoch	Pentatonik Fünftonraum = Einengung auf 5 Töne mit einer Grundtonbasis; Hexatonik = Sechstonraum
Schulkind	hoch mittel	Pentatonik — Fünftonraum — Hexatonik; Diatonik; dorisch als Weichenstellung zu Dur- und Molltonarten, denn die dorische Skala hat eine Moll- und eine Durhälfte. Sie spiegelt sich als einzige Skala in sich selbst.

Altersstufe	Lage	musikalisches Element
Vorpubertät	mittel / tief	Diatonik (Ganz- und Halbtöne)
Pubertät	mittel / tief	Chromatik (nur Halbtöne)
Postpubertät / Jugendliche / Adoleszenten	tief	Ganztonleiter; 12-Tonmusik (ohne Grundton, wie Pentatonik, aber Begrenzung.

Dem Kleinkind entspricht die Melodie, dem Kleinkind und Schulkind der Rhythmus, im Schulalter folgt erst das differenzierte Aufnehmen gleichzeitig erklingender Töne — Harmonie.

Die Dynamik entspricht allen Altersstufen; Dynamik bezeichnet nicht das „Sein", sondern das „Werden", entspricht also der Entwicklung.

Die differenzierte Form beginnt auch erst im Schulalter bewußt zu werden. Die Urform ist die Wiederholung, die auch in jeder Altersstufe möglich ist. So erweitert sich der Radius vom Urerlebnis des Urphänomens Klang in elementarster Form beim Kinde mitschreitend mit seiner Entwicklung über einfaches Lied und Spielgut bis zum Erlebnis großer Werke, in denen alle Elemente zur Einheit werden, wie auch der Mensch immer mehr zur Einheit werden sollte. So wird dann die Kunst ein Spiegel des Menschen und der Mensch ein Spiegel der Kunst.

Bei Behinderten sind seinem Entwicklungsstadium entsprechende Verschiebungen zu beachten. Ein Athetotiker z. B. befindet sich im motorischen Bereich oft auf der Stufe des Säuglings und Kleinkindes mit unkoordinierten Bewegungsabläufen, so entspricht ihm das Grobschlagwerk. Doch sollte die Tonlage dagegen dem wirklichen Alter entsprechen. So ist nie das ganze Kind zurückzustufen, sondern nur Teilbereiche. Zu der Entsprechung der Instrumente und musikalischen Elemente zu den Altersstufen kommt eine Entsprechung zu den Krankheitsbildern hinzu.

Objektive und subjektive Wirkung

Die objektive Wirkung der Instrumente und musikalischen Elemente ist auf jeden Menschen gleich, z. B. das Schlagwerk wirkt besonders auf die motorischen Vorgänge. Wer in einem Kaffeehaus sitzt und die Wirkung der Tischmusik auf die Gäste gut beobachtet, wird bemerken, wie fast alle unbewußt in ihrer Motorik mitreagieren, je nach Temperament stärker oder schwächer. Einige bewegen die Füße im Takt, andere trommeln mit einer Hand, wieder andere nicken mit dem Kopf oder bewegen auch nur die Augenlider. Zu dieser allgemeingültigen objektiven Wirkung tritt die subjektive, individuelle hinzu. Diese formt sich aus verschiedenen Komponenten: den Anlagen, dem Temperament, dem persönlichen Schicksal, der Umwelt, der momentanen Konstitution.

Beim behinderten Menschen tritt das Krankheitsbild zusätzlich hinzu, wobei beachtet werden muß, daß auch hinter jedem noch so behinderten Menschen eine Individualität steht, die als Persönlichkeit geachtet werden muß. Es wird oft vergessen, daß der Behinderte genauso wie der gesunde Mensch durch die genannten Komponenten geprägt wird, wenn auch das Krankheitsbild dominierend diese auslöschen scheint, sie jedoch nur überdeckt. Bei einem mongoloiden Kind z. B., das in seinem Temperament phlegmatisch ist, kommt Phlegma zu Phlegma, denn der Grundzustand ist ja ein phlegmatischer, der Schwere verhaftet. Ein cholerisches mongoloides Kind kann jedoch das Phlegmatische seines Zustandes durch sein individuelles Temperament auflichten. So können Individualität und Krankheitsbild in Gegensatz zueinander stehen oder einander ergänzen, oder verstärken, was für den Krankheitsverlauf eine bedeutende Rolle spielt. Aus diesen Erkenntnissen ergibt sich als dringend notwendig für jede Anwendung von Musik bei Behinderten, daß die Auswahl der zur Therapie geeigneten Instrumente und musikalischen Elemente in Einzel- und Gruppentherapie sorgfältig auf das jeweilige Krankheitsbild und außerdem auf die Eigenart eines jeden Patienten abgestimmt werden müssen. Werden doch ganz verschiedene Religionen im Menschen angesprochen, und diese wirken auf ihn zurück in seiner Ganzheit. Denn so wie nie ein isolierter Teil des Menschen krank und behindert ist, sondern der ganze Mensch in seiner Einheit gestört ist, wenn ein Teil nicht gesund ist, so muß die Therapie auch den ganzen Menschen erfassen. Nicht das kleinste Glied kann man losgelöst vom Menschen und abgetrennt beurteilen. Das gilt im besonderen Maße auch gerade für die autistischen Kinder, bei denen außer der Störung im psychischen Bereich eigentlich fast immer auch Störungen in der Sensorik und Motorik auftreten, wenn diese auch bei manchen Kindern erst bei sehr genauer Beobachtung erkennbar werden.

Eine überaus große Geschicklichkeit oder eine einseitig konzentrierte Begabung täuschen oft über Störungen hinweg, die z. B. häufig im Dominanzbereich liegen. Bei diesen Kindern ist es oft so, daß sie gesunde Augen haben, diese aber nicht zum Sehen gebrauchen, daß sie gesunde Ohren haben, diese aber nicht zum Hören benutzen, daß sie auch ihren Tastsinn nicht richtig einsetzen, so daß sie oft sogar schmerzunempfindlich zu sein scheinen. Auch der Geruchs- und Geschmackssinn sind oft beeinträchtigt. So sind die Sinne zwar organisch in Ordnung, es fehlt ihnen jedoch die Möglichkeit, diese richtig zu verwenden.

Daraus, daß jeder Mensch in sich eine Einheit bildet, ergibt sich, daß der Musiktherapeut einerseits die Gesetzmäßigkeiten der objektiven Wirkungen der Instrumente und musikalischen Elemente genau kennen muß, um deren falsche Anwendung zu vermeiden, daß er andererseits die subjektiven Wirkungen bei jedem Patienten anders erlebt und auf ihn bezogen, auf seine Eigenart eingehen muß. Er muß die individuelle Therapie aus dem Patienten „herauslauschen", wie ein guter Arzt für eine bestimmte Krankheit ein bestimmtes Medikament verschreibt, doch für jeden Patienten in einer individuellen Dosierung. Der Einsatz eines Instrumentes und musikalischen Elementes an falscher Stelle kann schädigend wirken, so wie die richtige Behandlung den Heilungsweg sehr stark helfend beeinflussen kann.

Da die musikalischen Vorgänge eine so starke Wirkung haben, können sie diese Wirkung im positiven und negativen Sinne haben. So kann durch unerfahrene Handhabung durch Personen, die das Medium, mit dem sie umgehen, nicht genügend kennen, viel Schaden angerichtet werden.

Die Auswahl der zur Therapie geeigneten Instrumente und musikalischen Elemente muß also in der Einzel- und Gruppentherapie sehr sorgsam auf Krankheitsbild und Individualität der Patienten abgestimmt werden.

Das Instrumentarium und die Musik in der Therapie sind reichhaltig in ihren Abstufungen. Außer den heute üblichen Blas-, Saiten- und Schlagzeuginstrumenten werden historische sowie ausländische verwandt und ihrer Wirkung entsprechend eingesetzt, wobei außer den Schwingungsgesetzen auch die Klangfarben als therapeutisch wirksam angesehen werden. Jede Zeit schafft sich in ihrem Instrumentarium und in ihrer Musik ein Ausdrucksmittel dessen, was in ihr lebendig ist, so auch jedes Volk. So sind Instrumente und Musik ein Spiegel des Zeitgeschehens in seiner Verinnerlichung oder schöpferischen Gestaltung. Unsere heute so expansiv ausgerichtete Zeit hat deshalb kaum Instrumente hervorgebracht, die introvertierend wirken. Da müssen wir bei den östlichen Völkern oder in früheren Zeiten suchen. Behinderte brauchen jedoch oft gerade ein solches Instrumentarium, so daß auf die alten Instrumente oder die anderer Völker zurückgegriffen wird. Das gleiche gilt für die Musik. Auch hier wird aus dem gleichen Grunde viel alte Musik und Musik aus anderen Völkern verwandt. Das Liedgut wird in den originalen Sprachen gebracht, um den Volkscharakter durch die Übersetzung, die dem Original nie gleich kommen kann an Stimmungsgehalt, nicht zu verfälschen.

Nach diesen Schilderungen ist es sicher einleuchtend, daß nur direkte Musik verwandt werden darf, wenn die Musik selbst als Therapie gelten soll. Schallplatten und Tonbänder werden nur verwandt als Stimulanz für ein folgendes Gespräch, in dem Konfliktsituationen verarbeitet werden sollen, zur Entspannung, bei rhythmischen Übungen, beim Tanz. Dann ist aber nicht die Musik selbst die Therapie, sondern das Gespräch, die Entspannung, die Rhythmik, der Tanz. Die Musik ist dann eine Unterstützung der anderen Therapien. Soll die Musik selbst als Therapie wirksam sein, so sollte sie nach meiner Meinung unverfälscht gebracht werden. Jede Wiedergabe, auch die vollkommenste, weicht von der originalen Musik ab, keine Apparatur kann Musik bis in letzte Feinheiten wiedergeben. Sie kann auch nicht in Tempo und Dynamik auf die Bedürfnisse des Patienten variierend eingehen, denn es fehlt ihr außer den Veränderungen der Tonstruktur in feinsten Nuancen noch etwas ganz Wesentliches, das persönliche Schwingen von Mensch zu Mensch, die Ausstrahlung des Therapeuten, das menschliche Miteinander, das Lebendige, Mitschöpferische, aus dem Moment Geborene. Eine Tonkonserve ist eine erstarrte, einst lebendige Form, ihr fehlt das Wesentlichste, das Musik zur Musik macht, das geistige Leben! So halte ich sie für ungeeignet, wirkliche Heilkräfte auszuströmen, die ja auch Leben sind. Nur Leben kann Leben erzeugen.

Die Stimme

Die unmittelbarste Wirkung hat jedoch die menschliche Stimme, sie ist das ureigenste Instrument ohne Vermittlung der Materie. Die menschliche Stimme kann sich auch kaum mischen mit Instrumenten, sie wird sich immer herausheben. So ist das „Heilsingen" eine Therapie, die den ganzen Menschen unmittelbar erfaßt. Die Stimme als Sprache und Gesang ist eine nur menschliche Fähigkeit, Singen und Sprache spiegeln seine Persönlichkeit wider. Und diese menschliche Fähigkeit erwirbt sich der Mensch nur durch andere Menschen. So sind die Eltern eigentlich die ersten „Therapeuten" eines Kindes, wenn sie ihm vorsingen oder es ansprechen, ihm dadurch helfen, sein

Menschsein zu entwickeln. Für das behinderte Kind ist diese Hilfe besonders wesentlich, da die Retardierungen im Bereich der Sprache und des Sprachverständnisses sich sehr schwerwiegend auf seine geistige Entwicklung auswirken.

Seherlebnise ohne Sicht — auch Blinde sehen
Hörerlebnisse ohne Gehör — auch Taube hören

Ein interessantes Phänomen ist das Verhältnis zwischen Auge und Ohr. Sie verhalten sich reziprok zueinander. Die Obertonreihe, das heißt, das mit jedem Ton mitschwingende Klangspektrum, verjüngt sich, doch hören wir z. B. gleiche Oktaven, obwohl diese nicht rein, sondern verkürzt sind. Das Ohr täuscht uns eine Äquidistance (d. h. Gleichheit des Abstandes) vor, wo eine Perspektive, hier eine Verkürzung ist. Unser Auge dagegen täuscht uns eine Perspektive vor, wo eine Äquidistance ist, z. B. beim Blick auf eine Allee, deren Seitenbegrenzung durch Bäume parallel verläuft, jedoch sich verjüngend erscheint, oder Telegraphenmaste aus der Sicht im fahrenden Zug. Daraus ergibt sich, daß die Schallwellenbrechung anderen Gesetzen folgt als die Lichtwellen.

Auch tauben Menschen muß die Welt der Klänge nicht verschlossen bleiben. So wie der Blinde durch den Ausfall eines Sinnes andere Sinne sensibilisiert und oft uns unbegreifliche Sinneswahrnehmungen haben kann, müssen wir auch dem Tauben ähnliche Vorgänge zugestehen. Die Blindenforschung ist nur schon weiter fortgeschritten. Blinde Patienten gewinnen über „musikalische Suchspiele" Raumorientierung. Sie können soweit geschult werden, daß sie mit einer Gruppe mitmusizieren und mittanzen, indem sie die Vibration des Fußbodens aufnehmen und mit dem Musikerleben in Bewegung umsetzen.

In der UdSSR und Bulgarien werden Blinde geschult, mit den Händen Farben und Formen zu „sehen". Helen Keller, taub und blind, berichtet in ihrer Selbstbiographie, daß sie mit viel Freude an Konzerten teilgenommen hat. In meiner Praxis erlebe ich immer wieder die Bestätigung dieses Tonerlebens durch Patienten, die klinisch als volltaub bezeichnet werden.

In Jugoslawien und Dänemark werden taube Kinder mit Musiktherapie zu einer Sprache mit Sprachmelodie geführt und mit hörenden Kindern zusammen unterrichtet. Auch in meiner Praxis lernten taube Kinder nicht nur auf die meßbaren Schwingungen, sondern auch auf die Klangfarben zu reagieren und konnten eine eigene Sprachfähigkeit aufbauen ohne Monotonie, mit einer melodischen klangvollen Sprache. Nach einem Resonanzprinzip finden hohe Töne mehr in den kleinen Höhlen Resonanz (Kopf), tiefe in den großen Höhlen (Brust etc.). Durch Vibration, Schwingungserlebnis und Tastsinn ist es für Taube möglich, über 2½ Oktaven jeden halben Ton nachzuempfinden. Die Konzentration auf wenige Sinne führt zu intensiverem Erleben, da sich diese Sinne stärker ausbilden. Prof. Hofmarksrichter aus Straubing, Taubstummenschule, machte Audiometerversuche auf Hörreste bei sogenannten Volltauben und stellte fest, daß diese bei 90 % vorhanden sind. Er arbeitet viel mit dem Orff-Instrumentarium (Sprachhebungen, Akzente).

Ich gehe davon aus, daß der ganze Mensch ein Gehörsorgan ist, daß er ganz mit den Tönen mitschwingt, im sichtbaren Bereich sogar bis in die Peripherie, die Haut, als Auswirkung (Gänsehaut bei bestimmten Geräuschen etc.), daß es dagegen noch unerforschte ursächliche Wahrnehmungen der Klänge gibt, die Sinne ansprechen, die der Taube besonders entwickelt. Es handelt sich hier um sehr komplizierte psychisch-physiologisch-geistige Probleme, welche in die Forschung miteinbezogen werden sollten, anstatt als „unwissenschaftlich" abgetan zu werden, nur weil sie „wissenschaftlich" noch nicht fest erklärbar sind. Denn wenn einige Wissenschaftler über solche Erfahrungstatsachen durch deren Negierung, Ablehnung hinweggehen, nur weil sie noch nicht imstande sind, die Phänomene zu erklären, so bedeutet das unwissenschaftliches Beharren in selbstgesteckten Grenzen, nicht Offenheit für neue Wege in noch unerforschtes Land.

Noch in jeder Generation hat man neue Ideen oft ungeprüft als unmöglich, undenkbar beiseite geschoben oder sogar bekämpft, die nicht in das momentane „wissenschaftliche" Denkschema paßten, später aber selbstverständliches Allgemeingut wurden. Sollte nicht besser immer wieder die Konstruktion des Denkschemas überprüft werden, ob es nicht revisionsbedürftig sein könnte? Die Ablehnung beruht oft darauf, daß einfach nicht wahr sein soll, was sich jenseits der momentanen Erklärbarkeit vollzieht, also über den Horizont der meisten Menschen der jeweiligen Zeit geht. „Eine neue wissenschaftliche Wahrheit pflegt sich nicht in der Weise durchzusetzen, daß ihre Gegner überzeugt werden, und sich als bekehrt erklären, sondern vielmehr dadurch, daß die Gegner allmählich aussterben und daß die heranwachsende Generation von vornherein mit der Wahrheit vertraut gemacht ist" (Max Planck). Wir wissen z. B., daß die Sehfähigkeit unserer Augen und die Hörfähigkeit unserer Ohren sehr begrenzt sind. Ein trainiertes menschliches Ohr kann nur Töne im Bereich zwischen 20 und 20 000 Schwingungen pro Sekunde unterscheiden. Elektromagnetische Wellen, die länger als Viertausendstel ($4/1000$) eines Millimeters (violett) und kürzer als Siebentausendstel ($7/1000$) eines Millimeters (rot) sind, können wir sehen, obwohl die Luft um uns viele für uns unsichtbare und unhörbare Schwingungen, Wellen, Strahlen etc. enthält, die sogar jede Materie durchdringen.

Wir können diese Schwingungen, Wellen, Strahlen nur sichtbar oder hörbar machen mit Apparaturen, die auf diese eingestimmt sind. Im Radio müssen wir den richtigen Sender einstellen, um bestimmte Sendungen hörbar zu machen. Die Töne sind zwar auch vorher im Raum, werden aber erst dann für uns hörbar. So ist es auch mit Strahlen, z. B. Röntgenstrahlen, atomaren Strahlen etc., diese können sogar tödliche Wirkungen haben, obwohl sie für unser Auge unsichtbar sind. Ebenso gibt es Klänge, die tödliche Wirkungen haben, obwohl sie für unser Ohr unhörbar sind. Jeder heute lebende denkende Mensch wird diese für ihn unsichtbaren und unhörbaren Realitäten als existent anerkennen. Er ist blind und taub für Energien, die trotzdem bestehen. So liegt es doch nahe, daß wir noch für viele andere Einergien auch blind und taub sind, die noch feinerer Art sind. Sollten wir nicht versuchen, unsere Sinne für sie zu schärfen, neue Sinne für sie zu entwickeln, anstatt ihre Existenz zu verdrängen, weil sie mit dem Maß unserer heutigen begrenzten Erkenntnisfähigkeit nicht zu messen sind? Außer unseren fünf Sinnen haben wir ja noch andere, teilweise schon bekannte, teilweise noch unbekannte z. B. den Gravitationssinn, den Zeitsinn, den Orientierungssinn, den Gleichgewichtssinn, den Sprachsinn, den Einfühlungssinn in andere, den Ordnungs- und Formensinn, ferner die Sinne für Wahrnehmungen, die wir „außersinnlich" nennen, die jedoch nicht außerhalb unserer Sinneswahrnehmungen liegen, wenn wir diese über die auf fünf grobe Sinne begrenzten auf weitere feinere Sinne erweitern.

Wie oft wird auch Jahrtausende altes, überliefertes Wissen im Namen des „Fortschritts" mißachtet und nicht genutzt. Dabei sind viele „Fortschritte" längst überholt und das Gebäude der materialistischen Wissenschaftsgläubigkeit renovierungsbedürftig. Die Ansichten der Mehrheit werden meistens zum Maßstab für gültige Regeln erhoben. Wenn fünfzig Millionen Menschen etwas „Dummes sagen, bleibt es trotzdem eine Dummheit" (Anatole France).

„Ein Baum wäre auch dann noch ein Baum, falls über ihn das Urteil ‚unwissenschaftlich' gefällt würde." (Th. Dethlefsen)

Das Urteil verändert die Tatsachen nicht, diese bestehen unabhängig davon.

Als Sigmund Freud auf dem Kongreß deutscher Neurologen und Psychiater das Thema „Psychoanalyse" zur Diskussion stellte, wurde er von Professoren angegriffen: „Dies ist kein Diskussionsthema für eine wissenschaftliche Versammlung, dies ist Sache der Polizei." Jeder, der es wagt, unkonventionelle Ideen zu vertreten, wird diffamiert und bekämpft. Seit der Verbrennung Giordano Brunos, der Verfolgung Galileis und Keplers, ja schon seit Sokrates und weiter zurück hat sich darin nichts geändert. Nur die Methoden sind andere geworden. So können sich viele Forscher auf eine traurige, lange Traditionskette berufen. Warum lernt die Wissenschaft nicht aus der Vergangenheit, daß sie vieles heute bekämpfte Gedankengut doch einmal als Selbstverständlichkeit anerkennen muß? Aus dem Gegenwartsdenken sollte ein Zukunftsdenken entspringen, das sich an der Vergangenheit als Basis orientiert, denn auch in früherer Zeit gab es z. B. große Forscher, die schon eine Überschau hatten, die wir z. T. erst wieder erwerben müssen. Auch Hochhäuser brauchen ein Fundament. Z. B. senden die sogenannten Radiosterne schon seit der Entstehung des Universums Radiowellen aus, 1886 wurden sie erst von Heinrich Hertz entdeckt. So warten noch viele uns heute noch unbekannte Forschungsergebnisse auf ihre Entdeckung, nicht Erfindung, denn ihre Existenz bestand ja oft schon Millionen Jahre vor ihrer Entdeckung. Nicht die Zersplitterung der Welt in kleinste Teilchen führt zu ihrer Erkenntnis, sondern die Ausweitung ins Ganze, Einheitliche, die Zusammenschau.

Jeder Gelehrte, gleich welcher Disziplin, ist in Gefahr, Wissenschaft nur um ihrer selbst willen zu betreiben, ihre Anwendung auf das Leben zu vernachlässigen. Wissenschaften ohne menschliche Selbsterkenntnis tragen die Gefahr in sich, sich zu verselbständigen und somit in den Bereich des Untermenschlichen, Unmenschlichen, Verantwortungslosen zu fallen. Das Denken muß von Menschlichkeit durchdrungen sein, damit die Taten menschlich sein können. Die oft kalte Intelligenzleistung muß vom Herzen erwärmt werden, Lebensbezug erhalten.

Forschungsanalogien — akustische Phänomene — Harmonik

Sehen wir einen Wassertropfen mit bloßen Augen, so erscheint er uns klar und unbelebt. Nehmen wir ein Mikroskop, so entdecken wir eine Fülle von Lebewesen, so daß der erste Eindruck eine Täuschung durch die ungenügende Wahrnehmungsfähigkeit des Auges war. Daraus ergibt sich die Folgerung, daß in Zukunft bei Verwendung von noch feineren Apparaturen, die uns heute noch nicht zur Verfügung stehen, noch Tausende von Lebewesen in diesem Tropfen Wasser entdeckt werden können. Was in diesem Beispiel für den visuellen Bereich gilt, läßt sich analog auf den auditiven übertragen.

Empirisch läßt es sich beweisen, daß der Klang in seiner ganzen Struktur und seiner Wirkung noch nicht ganz erfaßbar ist, sondern daß wir noch unbekannte, dennoch wirksame Differenzierungen anerkennen müssen. Sicher wird es in Zukunft auch auf diesem Gebiet gelingen, Wege zu finden, die Praxis und Empirie erklärbar machen können durch Verfeinerungen der Forschungsmethoden. So wie durch die russischen Forschungen in außersinnlichen Bereichen die Gedankenfotografie und die Fotografie der alle Dinge umgebenden Aura Beweismaterial erbringen, daß es noch unbekannte Energien gibt, daß dennoch trotz dieser sichtbaren Beweise deren Erklärung noch offenbleibt.

Chladni machte schon zur Goethezeit u. a. Versuche auf dem Gebiet der Akustik, indem er eine Tonerde-Metallmischung (Kupferspäne) auf eine Metallplatte mit besonderer Legierung streute und diese mit einem Bogen an verschiedenen Stellen anstrich. Das Material formte sich in bestimmten Gesetzmäßigkeiten nach den verschiedenen Tönen, jeder Ton ergab eine andere Form, die sich bei dem gleichen Ton wiederholte, bei der Oktave in entsprechender Potenzierung. Diese Gesetzmäßigkeiten entsprechen denen der Harmonik. Pythagoras hat diese Gesetze im Begriff „Tonzahl" zusammengefaßt, da die gesamten Schöpfungsgesetze in ihren Formen und Rhythmen in Tonzahlen ausdrückbar werden können. Wir finden überall Proportionsverhältnisse, die in Relation zueinander gebracht werden können, d. h. als Intervalle erlebbar werden können. So wurde für Pythagoras die ganze Schöpfung mit Klängen erfüllt, der Sphärenharmonie. Johannes Kepler spürte diesen Relationen aller Schöpfungsgesetze nach und fand eine Einheit dieser Gesetze in allem irdischen und kosmischen Geschehen. Die mathematischen Proportionsverhältnisse, z. B. der Gestirne zueinander, der Formungen von Gestein, Pflanze, Tier und Mensch wurden ihm erlebbar als Intervalle und dadurch innerlich hörbar als Klänge. Zu diesem Hören bedarf es keiner äußeren Ohren, sondern es müssen innere Hörorgane entwickelt werden, was auch tauben Menschen möglich ist.

So wie Jaques Lusseyrant nach seiner Erblindung von einem „inneren Sehen" sprach, das ihm zum neuen Erlebnis wurde, erleben taube Menschen ein „inneres Hören", wie z. B. Beethoven nach seiner Ertaubung.

Beides sind Vorgänge, die in außermateriellen Bereichen vor sich gehen und deshalb mit materiellen Apparaturen nicht nachweisbar sein können, da Gleiches nur immer durch Gleiches erkannt werden kann nach dem Gesetz der Entsprechungen (Isoprinzip).

So, wie sich die Schwingungen eines Instrumentes, das gespielt wird, übertragen auf andere Instrumente im Raum, die nicht gespielt werden — man nennt diesen Vorgang sympathisieren —, so nimmt auch das Instrument „Mensch" verschiedenste Schwingungen auf, die verwandte Saiten in ihm berühren. Diese Schwingungen sympathisieren jeweils mit den ihnen entsprechenden Bereichen (Saiten) im Menschen, sei es nun der physische, seelische oder geistige Bereich. Nur verwandte Saiten können miteinander schwingen, so kann auch nur Physisches im Physischen, Seelisches im Seelischen, Geistiges im Geistigen erlebbar werden. Daraus wird auch verständlich, daß geistige Vorgänge nicht mit materiellen Forschungsmitteln, sondern nur mit geistigen erkannt werden können. So kann ein jeder auch nur das wirklich an andere als Erlebnis weitergeben, was ihm selbst zum Erlebnis wurde, und der andere kann es nur nachvollziehen, wenn er selbst ähnliche Erlebnisse hatte. Echtes Wissen sollte nicht nur angelernt, übernommen, sondern durch eigene Erfahrung im Erleben eigene Überzeugung werden können. Ebenso ist es bei dem inneren Erleben der Musik.

Für jeden kann dieses innere Hören erlebbar werden, wenn wir uns in eine Landschaft, umgeben von verschieden hohen Bergen, in einen Ast mit seinen Nebenästen, in eine Blume mit ihren Verhältnissen zwischen Blütenblättern, Kelchblättern und Staubgefäßen, in verschiedene Gesteinsformen u. a. vertiefen.

Überall finden wir Gesetzmäßigkeiten. Ebenso in den Rhythmen des Tages, des Jahreslaufes. So stehen auch wir Menschen in diesen Rhythmen und schwingen mit ihnen in Harmonie oder stehen zu ihnen in Disharmonie. Je mehr das ganzheitliche Weltbild des Menschen und seiner Umwelt — innere und äußere Umweltverschmutzung — gestört wird, um so mehr gestörte Menschen wird es geben. Ebenso, wie eine kranke Landschaft, ein kranker Baum, eine kranke Blume in uns das Empfinden auslösen, daß die gestörte Form nicht den in uns ruhenden Gesetzen entspricht, so empfinden wir es auch beim kranken Menschen. Form und Rhythmus sind aus der Harmonie geraten, es ist in einem Bereich ein Zuviel, in einem anderen ein Zuwenig entstanden. Verschiebungen, Verrückungen ergeben das kranke Bild. So sind eigentlich viele Menschen krank, denen es gar nicht bewußt geworden ist. Das Schwergewicht verlagert sich in einen Bereich und führt dadurch zu Störungen der gesamten Einheit. Diese Störungen können sich auswirken im organischen Bereich, im motorischen Bereich, im sensorischen Bereich, im seelischen Bereich etc. Doch immer ist der Mensch in seiner Ganzheit gestört, nie nur in den Teilbereichen, in denen die Störung zur Auswirkung kommt. Oft liegt in einem ganz anderen Bereich die Ursächlichkeit der Störung, als in dem Bereich, in dem sie sichtbar wird. So muß auch die Therapie ganzheitlich sein. Sie muß die gestörte Harmonie in allen Bereichen wieder in einen einheitlichen Schwingungsprozeß zu führen trachten. Wenn nun alle Erscheinungen erlebbar werden können als Klang, so ist es auch die Therapie der Klänge, die Klangtherapie, die von ihrem Urerlebnis aus die gestörte Einheit, d. h. die Krankheit, am ursächlichsten wieder zur Harmonie führen kann. Sie wird daher immer kausale Therapie sein, ein Vorzug, der ihr symptomatischen Therapien gegenüber eigen ist.

Spätere Forschungsergebnisse in Basel mit erweiterten Chladni-Klangapparaten führten zu dem Ergebnis, daß auch Luft und Wasser bzw. verschiedene Flüssigkeiten nicht nur durch Klänge in Schwingung versetzt werden, sondern sich nach Klängen in bestimmten Gesetzen formen. Diese Versuche wurden mit verschiedenen Flüssigkeiten gemacht, die verschieden schwer waren, sich nicht mischten. Jede Flüssigkeit wurde durch Einfärbung erkennbar gemacht. Die Flüssigkeiten reagierten nicht nur auf die Schwingungsgesetze ähnlich wie die feste Materie in den Grundformen, sie ließen auch differenzierte Abwandlungen durch die Klangfarben erkennen. Es wurde sogar nicht nur mit einfachen Klängen, sondern sogar mit Klangkomplexen experimentiert, wobei sich hochinteressante Mischformen bildeten, die zwar die Grundstrukturen erkennen ließen, jedoch in feineren Abwandlungen. Auch die Variation der Instrumente führte zu feineren Variationen im Bild, wobei wiederum die Grundform erhalten blieb. Die feinste Ausprägung der Formung mit wunderbaren Schattierungen ergab die menschliche Stimme in ihrem individuellen Timbre.

Wenn nun Luft und Wasser sich nach Klängen formen, so kann daraus leicht gefolgert werden, daß auch der Luft und Wasserhaushalt des menschlichen Körpers durch Klänge in seinen

Kreisläufen beeinflußbar wird, da Schwingung Schwingung auslöst, Bewegung Bewegung erzeugt. So zeigten Forschungsversuche, daß z. B. bestimmte Blastöne die Hirnströme oder den Liquor beeinflussen sowie die Sekretionen. Auch Speichelfluß und Einnässen sind durch Musiktherapie erfolgreich beeinflußbar, was nach den geschilderten empirisch-wissenschaftlichen Versuchen gar nicht mehr so absurd erscheint, wie eine nur in den Raum gestellte Behauptung. Ergebnis empirischer Forschung war auch, daß Streichinstrumente ausgleichend auf Atmung — Puls — Kreislauf wirken können, daß Schlagwerk Verkrampfungen in der Motorik lösen kann und auf die gestörte Dominanzausbildung ausgleichend wirkt.

3. Teil: Musikheilkunde

Musik als Therapie

Die Formen und Einsatzmöglichkeiten der Musiktherapie

1. Gezielte, spezielle Musiktherapie

Die umfassende Vielseitigkeit der gezielten, speziellen Musiktherapie reicht von der Behandlung organischer Erkrankungen, Körperbehinderungen, seelisch-geistiger Behinderungen, Entwicklungs- und Verhaltensstörungen, Hirnschäden, Neurosen, Psychosen bis zur Behandlung von Sprach- und Hörschäden. Die gezielte spezielle Musiktherapie sieht nur Einzeltherapie vor. Ihr Arbeitsgebiet ist weit gesteckt von der Heilpädagogik bis zur inneren Medizin, von der Psychiatrie bis zur Pädiatrie, Geriatrie, Narkomanie etc.

2. Die Heilpädagogische Musiktherapie

Sie umfaßt die Gruppentherapie mit Kindern verschiedenster Schädigungen, die meistens durch die gezielte spezielle Musiktherapie auf eine Gruppenarbeit vorbereitet werden. Jedes Kind bekommt das Instrument, das seinem Krankheitsbild und seiner individuellen Eigenart angepaßt ist. Das Gebiet der *Heilpädagogischen Musikarbeit wird der Heilpädagogischen Musiktherapie* als Teilgebiet zugeordnet. Es umfaßt das Musizieren mit behinderten Kindern, rhythmische Bewegungsspiele u. a. als gruppendynamisches Geschehen. Die Behinderungen der Kinder sind nicht so schwer oder schon soweit behoben, daß das gemeinsame Musizieren und Spielen nicht mehr gezielt, sondern im Zusammenhang mit der Gruppe eingesetzt wird. Es handelt sich um eine Musikarbeit im heilpädagogischen Bereich, keine eigentliche Therapie. Oft nehmen nichtbehinderte Kinder mit an dem Gruppenmusizieren teil. Dabei ergibt sich durch die intensive musikalische Schulung, die die Behinderten durch die Einzeltherapie „sozusagen mitgeliefert" bekommen, oft eine Überlegenheit auf diesem Gebiet, wodurch sich ein Ausgleich schaffen läßt für die Gebiete, in denen die Behinderten den Nichtbehinderten unterlegen sind.

3. Die Musiktherapeutische Gruppenarbeit mit Erwachsenen

Sie umfaßt Singen und Musizieren mit erwachsenen Patienten, Begleitmusik zur Bewegungstherapie, Improvisation, Rollenspiel, Musiktheater etc. Auch dieser Therapie sollte meistens eine gezielte Einzeltherapie vorausgehen.

4. Die Musikalische Psychotherapie

Sie umfaßt die averbale Psychotherapie z. B. bei Psychosen als Persönlichkeitsformung bis zum Abbau von Kontaktstörungen und Kommunikationsmangel. Da die Musik als präverbale Ausdrucksform angesehen werden kann, kann sie als kommunikative Therapie eingesetzt werden. Als Stimulans für die verbale Psychotherapie kann sie ebenfalls eingesetzt werden.

Die Fachgebiete der Musiktherapie

So können vier Fachgebiete unterschieden werden:

1. Gezielte, spezielle Musiktherapie

2. Heilpädagogische Musiktherapie (Heilpädagogische Musikarbeit)

3. Musiktherapeutische Gruppenarbeit mit Erwachsenen

4. Musikalische Psychotherapie.

Die Arbeitsgebiete der Musiktherapie sind also sehr vielseitig und vielgestaltig. Es kann sich um Einzel- und Gruppentherapien handeln mit Patienten verschiedenster Behinderungen in Kliniken, heilpädagogischen und psychiatrischen oder therapeutischen Institutionen oder in der ambulanten Praxis.

Für besonders musikalisch begabte Behinderte sollte ein Musikunterricht auf therapeutischer Basis geschaffen werden, den es aber leider noch nicht gibt, so daß viele musikalische Begabungen ohne Förderung bleiben. Die Musiklehrer an den Musikschulen, die keine entsprechende therapeutische Schulung haben, sind meistens der Aufgabe, ein behindertes Kind zu unterrichten, nicht gewachsen, da sie mit den Behinderungen nicht vertraut sind.

Ausbildung, Fortbildung, Elternschulung

Alle diese Gebiete kommen in dem Ausbildungsseminar zur Darstellung, das am Institut für Musiktherapie in Berlin in 6 bis 8 Semestern zu einem Abschluß mit Diplom führt. Da die Zahl der in einem oder mehreren Bereichen gestörten Behinderten ständig zunimmt und die Erfolgschancen um so größer sind, je zeitiger mit der Therapie begonnen wird, ist die Nachfrage nach qualifizierten Musiktherapeuten immer dringender geworden. Wer Musiktherapie als Beruf wählt, sollte sie als Berufung erleben. Er braucht viel Liebe, Geduld, Ausdauer und Konsequenz, er muß Ruhe ausstrahlen und intuitiv Situationen erfassen können, um der Unberechenbarkeit der Behinderten gewachsen zu sein. Vor allem muß er sich in jeden Patienten neu einfühlen können, um die individuelle Therapie für ihn aufzubauen. Die in der Ausbildung erworbenen gründlichen Kenntnisse geben ihm das theoretische und praktische Rüstzeug dazu.

Um Nachwuchs heranzubilden, werden mehrere Ausbildungs- und Fortbildungsseminare aufgebaut, bei denen Ärzte, Psychotherapeuten, Psychologen, Heilpädagogen, Musikwissenschaftler u. a. außer den musiktherapeutischen Gebieten als Dozenten mitwirken. Für die Eltern der behinderten Kinder wurden Elternseminare eingerichtet, in denen die Eltern geschult werden, ihr Verhalten dem Kind gegenüber zu kontrollieren und zu regulieren und die Behandlung des Therapeuten daheim zu ergänzen. Die Aussprachemöglichkeit mit den Dozenten und den anderen Eltern sowie das gemeinsame Musizieren bedeutet für die oft wie im Ghetto isoliert, nur für ihr Kind lebenden Eltern eine große Bereicherung, die oft schon eine Elterntherapie

sein kann.

So bilden an unserem Institut Praxis, Lehre und Forschung eine Einheit, die in sich geschlossen ist. Mit Liebe und vollem Einsatz sowie entsprechender praktischer Erfahrung, basierend auf jahrelang erarbeiteten wissenschaftlichen Erkenntnissen versuchen wir Hilfe in oft auswegslos erscheinende Schicksale zu bringen und jeden behinderten Menschen, der in unser Institut gebracht wird, auf seinen Weg zur Eingliederung zu führen.

Musiktherapie als Basistherapie

Eine sehr große Anzahl behinderter Menschen lebt unter uns. Nur ein Teil von ihnen kann erfaßt und in verschiedenen Institutionen, wie Kliniken, Heimen, Therapiezentren, Wohnheimen etc. behandelt werden. Die Mehrzahl jedoch lebt in der Familie, teilweise versteckt vor der Außenwelt, teilweise umhegt und umsorgt von den Angehörigen. Für einen Teil dieser Behinderten sind Einrichtungen wie Sondertagesstätten, Sonderschulen, Sammelklassen, Jugendwerkheime, beschützende Werkstätten u. a. enstanden, die wertvolle Eingliederungshilfen geben. Die übrigen der Behinderten können jedoch entweder wegen Platzmangels oder wegen der Schwere der Behinderungen in keine der bestehenden Institutionen aufgenommen werden. Diese werden daher gar nicht oder nicht rechtzeitig behandelt. Auch sind in den verschiedenen Einrichtungen oft nicht Therapiemöglichkeiten für alle Behinderungsarten vertreten, so daß ein Teil keine Aufnahme findet. Da z. B. die autistischen Kinder innerhalb der Behinderungsarten eine Sondergruppe darstellen, gehören sie meistens zu den eben geschilderten Kindern, für die es noch kaum Einrichtungen gibt, da diese auf die Besonderheit ihrer Behinderung kaum eingehen können und ihnen dadurch nicht gerecht werden, z. B. im Bereich ihrer oft nur blockierten Intelligenz.

In dem Institut für Musiktherapie in Berlin soll besonders denjenigen behinderten Menschen Hilfe geboten werden, die von keiner anderen Institution aufgenommen werden können, da sie auf Grund ihrer schweren Behinderung für nicht gemeinschaftsfähig und bildungsunfähig gelten. Einen großen Anteil der Behinderten, die zu uns kommen, bilden autistische Kinder, da sie meistens als nicht für eine Gemeinschaft tragbar gelten. Die Musiktherapie ist eine Behandlungsweise, die sogar bei den Patienten erfolgreich angewandt werden kann, die infolge ihrer schweren Störungen nicht ansprechbar sind, denen von sich aus jede sichtbare Reaktionsmöglichkeit fehlt und die daher durch andere Therapiemöglichkeiten oft noch nicht erreichbar sind. Es wird z. B. ein Patient in unser Institut gebracht, der sich kreischend am Boden wälzt, in tobenden Aggressionen gegen sich selbst und seine Umwelt wütet, indem er sich mit Fäusten schlägt oder mit dem Kopf gegen Wände oder harte Gegenstände schlägt, wobei er sich die schärfsten Kanten aussucht, sich blutig kratzt, beißt, Haare ausreißt, mit Kot schmiert, Gegenstände umherwirft oder gewaltsam zerstört, auf keine Ansprache reagiert. Ein solcher Patient ist kaum noch über eine Therapie erreichbar, da er weder nachahmend noch im eigenen Schaffen reagieren kann, so wird er oft als nicht therapierbar bezeichnet. Weil sich die Musiktherapie aus dem Zusammenspiel von objektiven und subjektiven Wirkungen formt, die durch die ungeheure Fülle der Kombinationsmöglichkeiten aller Bausteine der musikalischen Vorgänge in ihrer Variationsbreite feinste Differenzierungen zulassen, liegt ihre Wirkung auch dort, wo Hilfen unmöglich scheinen. So ist sie oft die erste Therapie, der sich spätere Therapien ergänzend anschließen.

Ich halte es für sehr wichtig, daß sie nicht die einzige Therapie bleibt.

Musiktherapie und andere Therapien

Da die ausgewogene Zusammenarbeit mit dem Arzt und anderen Therapeuten für eine wirklich umfassende Behandlung unerläßlich ist, versuchen wir in unserem Institut mit Ärzten, Psychotherapeuten, Logopäden, Beschäftigungstherapeuten zusammenzuarbeiten sowie mit heilpädagogischen, therapeutischen und psychiatrischen Institutionen in Kontakt zu kommen, um den individuellen Therapieweg als Ganzheitstherapie für jeden Patienten auszuarbeiten. Für die Patienten kann eine ausgewogene Zusammenarbeit verschiedener Therapien, je umfassender sie ist, den Heilungsweg entscheidend beeinflussen. Nicht, wer geholfen hat ist wichtig, sondern daß geholfen wurde und jeder Baustein ist notwendig, um ein Ganzes entstehen zu lassen.

Die Musiktherapie ist ein sehr wesentlicher Baustein im therapeutischen Bauwerk am Patienten, oft bildet sie, wie erwähnt, den Grundstein als erste Therapie, der sich später andere Therapien aufbauend und ergänzend anschließen. Da Musiktherapie Musik und Therapie in sich vereinen soll, also eine künstlerische und eine medizinische Seite hat, sollte sie das Schöpferische der Musik und das Praktische der Therapie und das Wissenschaftliche der Medizin in sich zu einem Einklang bringen.

Heilkunst — die Einheit aller Therapiearten

Für sehr wichtig halte ich es, daß außer den therapeutischen Maßnahmen auch das Alltagsleben des Patienten in geordnete Bahnen gebracht wird. Oft ist es erschwerend für die Therapie, wenn die häuslichen Verhältnisse nicht deren Zielen entsprechend mitziehen, sondern oft sogar Therapieerfolge wieder zuschütten. Auch Psychopharmaka erschweren oft den Zugang zum Patienten, da sie durch Abdämpfung den Schauplatz der Störungen nur unterschwellig verlagern, anstatt diese zu heilen, und den Selbstheilungsprozeß des Patienten in seiner Persönlichkeitsstärkung durch eine Persönlichkeitsschwächung verhindern.

In verschiedenen Ländern beginnt sich eine Therapie durchzusetzen, die auf einer ausgearbeiteten Diät aufbaut, die auf neuen, ernährungswissenschaftlichen Erkenntnissen aufbaut. Man geht davon aus, daß bei fast allen Krankheiten, auch bei der Schizophrenie, Störungen im Stoffwechsel ursächlich mitbeteiligt sind. So wird über eine individuelle Ernährungsumstellung der Stoffwechsel reguliert, Atemtherapie und Bewegungstherapie bringen das Nervensystem und den Kreislauf zum Ausgleich, und damit wird auch das seelische Gleichgewicht angestrebt. Künstlerische Therapien ergänzen diesen Therapieplan, der den Menschen als Ganzheit erfaßt. Musiktherapie und Maltherapie werden dabei auch verschmolzen zu einer Musik-Maltherapie: Musik — ein Malen mit Tönen und Malerei — ein Tönen in Farben. Farbton und Klangfarbe bringen schon von der Wortwahl her die Analogie beider Kunstformen. So werden auch oft Farben und Bilder tönend erlebbar so wie Töne als Farben und Bilder erschaut werden können. So liegt es nahe, die Patienten nach Musik malen zu lassen oder Bilder musikalisch darstellen zu lassen.

Alle diese neuen Versuche wurzeln eigentlich tief in einer Heilkunde, die durch alle Zeiten hindurch trotz starker Gegenströmungen auf der Einheit von Körper, Seele und Geist basierte; die auch heute zur Psychosomatik, die wenigstens schon wieder die untrennbaren Zusammenhänge und die Wechselwirkung von Körper und Seele erkennt, die geistigen Zusammenhänge ergänzt. Erst die Gesamtschau aller Therapien und deren einheitliche Zielrichtung auf die Gesamtschau des Menschen als

Leib-Seele-Geist-Akkord läßt die heutige medizinische Wissenschaft aus ihrer oft so großen Einseitigkeit wieder zu einer umfassenden Heilkunst werden, in der Wissenschaft und Kunst zu einer Einheit werden im Dienst am Menschen.

Zielsetzung der musiktherapeutischen Behandlung

Die Hauptziele der musiktherapeutischen Behandlung sind:

1. Lösung aus völliger Antriebslosigkeit und Unansprechbarkeit (Seelentaubheit) bis zur Eigenaktivität.

2. Abbau von Ängsten, Zwängen, Stereotypien, Aggressionen etc. Lösung von Verkrampfungen verschiedensten Ursprungs.

3. Selbständigkeit und weitgehendste Unabhängigkeit von fremder Hilfe.

4. Gemeinschaftsfähigkeit, Kommunikation, Kontaktfähigkeit, Eingliederung.

5. Heilung und Überwindung oder weitestmögliche Besserung der Behinderungen.

6. Aktivierung des Patienten am Heilungsprozeß (Selbstheilung) oder, wenn die Behinderungen nicht heilbar sind, dem Patienten aus sich selbst heraus die Kraft zu vermitteln, mit diesen zu leben, Fähigkeiten in anderen nicht so betroffenen Bereichen zu entwickeln und einen ihm gemäßen Platz in der Gesellschaft zu finden.

7. Ichstärkung und Ausbildung der individuellen Persönlichkeit, die durch die Behinderungen oft verdeckt, verdrängt wird.

8. Weckung und Ausbildung von Fähigkeiten und Begabungen, die anfangs nicht erkennbar, überdeckt waren.

9. Eingliederung in eine Lebensgemeinschaft (Familie, Schule, Werkstätten, Arbeitsstelle etc.), je nach individueller Befähigung.
10. Weckung von Freude und Selbstvertrauen.

Die Zielsetzung musiktherapeutischer Behandlung kann auf eine dreifache zusammengefaßt werden, die jedoch in sich eine Ganzheit bildet:

1. Die Behinderungen im Sinne einer möglichst kausalen Therapie im Heilprozeß positiv zu beinflussen, ihre Überwindung oder Besserung helfend einzuleiten.

2. Selbständigkeit und Eigenaktivität zu entwickeln, so daß durch die Behinderungen oft überdeckte Fähigkeiten sich entwickeln können und auch im Alltag zur Auswirkung kommen.

3. Die individuelle Entfaltung der Persönlichkeit zu entwickeln, so daß Selbstbewußtsein und Selbstvertrauen den Behinderten auf einem Weg zu sich selbst und zur Umwelt bestärken, bis er auch in Gemeinschaft mitgetragen werden kann.

Nur, wenn diese drei Wege in einen einmünden, in den Weg, der diese Persönlichkeit ihrer Eigenart entsprechend in ihrem Menschsein festigt, kann ein Heilprozeß sich entwickeln. Dann wird auch der Patient lernen, mit einer evtl. nicht heilbaren Behinderung zu leben, und er wird trotzdem die Hilfen der Therapie in Fähigkeiten umsetzen können in Bereichen, die durch die Behinderung nicht so stark beeinflußt werden. Er ist am Heilprozeß selbst aktiv beteiligt als „Selbstheilung" ohne fremde Hilfe zuletzt.

4. Teil: Praxis

Musiktherapie bei verschiedenen Krankheitsbildern

Grundformen der Musiktherapieanwendung

Man unterscheidet bei den Musiktherapiearten, bei denen der Patient noch nicht selbst aktiv handelnd, sondern aufnehmend beteiligt ist = gezielte spezielle Therapie, verschiedene Formen, je nach der Anwendungsart. Die Hörtherapie ist zu Beginn meistens eine „Klangtherapie" als Vorstufe der Musiktherapie, denn sie arbeitet mit elementaren Klangphänomenen und Klangfarben, noch nicht mit geformter Musik. Diese Elementartherapie oder Fundamentaltherapie kann auf verschiedene Weise angewandt werden. Eine wesentliche Anwendungsform ist die Vibrationsübertragung, d. h. der schwingende Klangkörper wirkt mit direktem Körperkontakt auf den Patienten, z. B. ein großes Becken auf dem Kopf, ein Baßstab am Rücken, an den Händen und Füßen, eine Gitarre oder ein Violoncello am Rücken, an den Händen und Füßen. Diese Vibrationsübertragung wird angewandt zur Lösung von Verkrampfungen und zur besseren Durchblutung, Durchwärmung, Belebung. Vibrationsübertragungen auf den Kehlkopf oder auf den Nacken regen die Ton- und Sprachbildung an.

Eine zweite Anwendungsform ist die Tonschwingungsübertragung, d. h. der schwingende Klangkörper wirkt aus verschiedensten Entfernungen, ohne direkten Körperkontakt, z. B. das Becken wird über dem Kopf angeschlagen, dieses oder der Baßstab hinter dem Patienten schwingend angeschlagen, ebenso andere Instrumente, die Schwingungen übertragen. Außer diesen Reizen durch direkte oder indirekte Schwingungen entstehen die akustischen Wahrnehmungen und die unbewußten Spiegelungen in den nicht sichtbaren Bereichen. So entsteht ein Zusammenwirken von peripherem und innerem Aufnehmen, das den Menschen in seiner Ganzheit und Einheit umfaßt und so heilende Prozesse in ihm aktivieren und bewirken kann. Verwendet man dagegen Instrumente, die kaum Schwingungen weitergeben, z. B. aus Holz, Stein etc., so schaltet eine Vibrations- und Ton-Schwingungsübertragung aus, der Ton wirkt in anderen Schwingungsbereichen, die jedoch sogar von tauben Menschen wahrgenommen werden können, ein Phänomen, das uns feinere Sinne postulieren läßt, die heute kaum bekannt und erforscht sind. So ist die Tonübertragungsart genauso wesentlich, wie die Instrumente selbst, die den Ton erzeugen. Ich kann z. B. ein Saiteninstrument nicht nur streichen oder zupfen, sondern auch die Saiten mit verschiedenen Klöppeln anschlagen und es entsteht eine Veränderung nicht der Tonhöhe, sondern der Klangfarbe. Daraus ergibt sich eine ungeheure Vielfalt von Variationsmöglichkeiten.

Musiktherapie bei autistischen und schizophrenen Patienten

Für autistische Kinder und schizophrene Patienten kann die Musiktherapie oft die direkteste Brücke durch die Glasglocke der Isolation bilden. Da diese Patienten sich meistens von der Umwelt in eine selbstgeschaffene Scheinwelt zurückziehen, in die sie anderen den Zugang verwehren, reagieren sie oft mit Angst oder Aggressionen auf jede Berührung mit der Außenwelt, auf jeden Kontaktversuch. Diese können sich bis zu Tobsuchtsanfällen steigern. Weil sie nun keinen Kontakt zur Umwelt suchen, ihn sogar ablehnen, können sie sich oft nicht auf dem Wege der Nachahmung differenzierte Bewegungsabläufe aneignen und die Welt der Sprache und des Wortverständnisses bleibt ihnen daher oft verschlossen. Da viele von ihnen jedoch dennoch Eindrücke und sogar Sprache speichern, sollte man immer von dieser Annahme ausgehen, auch wenn das Speichern sich nicht sichtbar zeigt. Jede gezielte Musiktherapie sollte in dem Stadium einsetzen, in dem sich der Patient befindet (Isoprinzip) und ihn dann herausführen. Also der Therapeut muß

z. B. manchmal „musikalisch mittoben", um den Patienten dann über eine intensive vokale und instrumentale gezielte Therapie, über das Lauschenlernen, aufgebaut auf Atemtonübungen, verbunden mit Entspannungsübungen zur Lösung der Spannungen und schrittweisen Überwindung der Störungen zu führen, bis der Patient die verschlossene Tür selbst öffnet. Das Gefühlschaos muß dann sehr vorsichtig geordnet werden und die Fülle der Eindrücke, die nun plötzlich von außen auf den sich öffnenden Menschen einströmen, erfordert eine Hilfe zur Ichstärkung, um die Erlebnisse zu verarbeiten und umzuformen. Die Angst, sich preisgeben zu müssen, eine Flucht vor dem Gefordertsein, ist ja oft die Ursache, daß gerade besonders feinfühlige, zarte Menschen sich im Autismus oder in der Schizophrenie einen Schutzwall gegen das Überangebot von Reizen schaffen, zumal diese Patienten oft durch eine Unfähigkeit, Eindrücke zu selektieren, einer besonderen Reizüberflutung ausgesetzt sind. Dadurch entsteht oft eine Art selbstgeschaffene Reizüberflutung, da die Patienten wie Magneten Eindrücke heranziehen wie durch einen Sog, dem sie dann nicht gewachsen sind. Die dadurch entstehenden Angstzustände, die Phobien, sind meistens eng verknüpft mit Stereotypien oder Zwängen.

So wird die Therapie mit solchen Patienten Wiederholungen sehr stark in den Therapieplan mit einbauen, oft muß die Therapiestunde monatelang den gleichen Ablauf haben, bis vorsichtig Schritt für Schritt einzelne Teile durch neue ersetzt werden können, wobei dem Patienten immer ein Halt an bekannten Übungen, Liedern etc. gegeben werden muß. Die Ersttherapie bei diesen Patienten beginnt sehr häufig mit großen Becken. Diese werden möglichst über dem auf dem Bauch liegenden Patienten geschwungen, erst ein Becken, dann zwei im Wechsel. Der Anschlag erfolgt am Fußende. Läuft der Patient unruhig im Raum umher, wird das Becken freischwingend in den Raum geschwungen. Oft können diese Patienten weder die Übungen von hinten noch in der Frontalebene ertragen. Beides löst Ängste aus, das ungewisse „Hinten" die Direktkonfrontation des Vorne. Nebengeräusche, z. B. durch ein Aneinanderklirren der Becken, muß man vermeiden, sie können Aggressionen und Ängste auslösen. Diese Übung hat durch die stark räumliche Ausdehnung des weit ausschwingenden Tones eine weitende, entspannende, lösende Wirkung, bis zur Schlaftherapie. Nach einiger Zeit, je nach der individuellen Reaktion des Patienten, wird diese Übung durch zwei aufeinander abgestimmte Cimbeln (möglichst Quintabstand) ergänzt. Ist der Patient sehr unruhig, aggressiv, tobsüchtig, so werden Becken und Cimbeln mit harten Klöppeln in stärkster Lautstärke im Wechsel angeschlagen, entsprechend der Verfassung, in der sich der Patient befindet. Lautstärke und Tempo werden zurückgenommen und gesteigert in ständigem Wechsel, so daß eine ständige Spannung und Entspannung entsteht. In einem bestimmten Stadium forciere ich sogar das Toben, indem ich den Patienten künstlich ins Toben hineinsteigere. Ich schaffe eine starke Spannung, die ich dann durch Minderung des Tempos und der Lautstärke wieder löse, erneut steigere, erneut löse, ähnlich wie vorher. So wird durch diese ständige Spannung und Entspannung ein „seelischer Atemvorgang" vorbereitet, der zur inneren Festigung und Ruhe führt, so daß dann andere Übungen anschließen können.

Die Übungen werden möglichst hinter dem Patienten ausgeführt mit Ausnahme der Patienten, bei denen alles, was in ihrem Rücken geschieht, Angst auslöst. Allmählich werden Lautstärke und Tempo mehr ausgeglichen. Später werden diese Übungen auch mit dem Patienten gemeinsam ausgeführt, wenn er beginnt, Eigenaktivität zu entwickeln. Die Übung bildet dann ein Wechselspiel zwischen Patient und Therapeut. Dieses kann in eine Improvisation weitergeführt werden, wobei zu der therapeutischen Klangwirkung noch die Kontaktanbahnung hinzukommt. Partnerspiele, Bewegungsspiele, Gestaltungs- und Darstellungsspiele, Musikmärchen und Musiktheater geben dem Patienten die Möglichkeit, auf einer neutralen Basis aus sich herauszutreten, die freilassend bleibt, wobei keine Preisgabe der eigenen Persönlichkeit gefordert wird. So wird durch die Rollengestaltung eine Möglichkeit gegeben, Konfliktsituationen zuerst künstlerisch schöpferisch aufzulösen, evtl. danach verbal zu verarbeiten. Auch findet der Patient auf diesem Wege oft den Zugang zur Welt der Sprache, zur Erfassung des Wortsinnes, zur Zuordnung von Begriffen über das eigene Körperschema bis zur Differenzierung der umgebenden Umwelt. Ein rückwärts wiederholender Ablauf kommt z. B. der Mentalität eines kleinen Kindes entgegen, das ja jeden Vorgang in der Rückschau rückwärts erlebt. Ähnlich erlebt auch das autistische Kind und viele Schizophrene. Erinnerungen an weitzurückliegende Ereignisse etc. sind oft in allen Einzelheiten gespeichert vorhanden, während ihnen ein Gegenwartsverständnis völlig abgeht. Der Radius des Umweltraumes erweitert sich durch gezielte Übungen immer mehr, bis der Behinderte zur Eigenaktivität erwacht und meistens über das Singen zur Bewegung und zur Sprache findet. Das therapeutische Liedgut wird so ausgewählt, daß Wortergänzungen und Ausrufe sich zwingend aus der Spannung der Tonfolgen ergeben. Frage- und Antwortspiele mit Tonfolgen und dann mit Worten bringen sodann den Durchbruch zur direkten Kontaktaufnahme. Erweitert werden diese Übungen dann mit kurzen Ausrufen, kleinen Sätzen, Liedversen, die erst gesungen, dann rhythmisch gesprochen werden. So findet der Patient schrittweise den Zugang zu seiner Umwelt und lernt in ihr zu leben bzw. mit ihr zu leben.

Zum Autismus

Bei Patienten mit Angstzuständen gilt es als erstes therapeutisches Gesetz, alles zu vermeiden, was Angst auslösend oder Angst verstärkend wirkt. Dieses Gesetz ist dominierend beim Therapieaufbau. So muß oft Verzicht geleistet werden auf Instrumente und Übungen, die der Therapeut gerne zum Einsatz bringen würde, um bestimmte Bereiche anzusprechen, wenn jene Ängste erzeugen (könnten).

Patienten, die in das schizoide Erscheinungsbild tendieren wie viele Autisten und Schizophrene, sind ständig in Angstzuständen, die besonders durch Veränderungen und durch direkte Ansprache und Forderungen verstärkt werden.

So können die musiktherapeutischen Übungen bei diesen Patienten nicht von hinten gebracht werden, da das „Hinten" ein großer Angstfaktor ist. Aber auch die direkte frontale Ansprache wird oft nicht verkraftet. So muß der Therapeut mit Übungen frei im Raume beginnen, z. B. wie erwähnt, mit großen Becken und Baßstäben mit Metallstab, die er im Raume schwingen läßt ohne direkten Bezug zum Patienten. Im Atemrhythmus werden diese Instrumente schwingend angeschlagen, bis sich der gestörte Atemrhythmus des Patienten dem richtigen Atemrhythmus angleicht. Dadurch beruhigt sich das angespannte Nervensystem, der Patient entspannt sich, die Ängste lösen sich.

Angst kommt von der gleichen Wurzel wie Enge. So ist Angst eine Verengung — Verkrampfung. Seelische und physische Vorgänge durchdringen einander, seelische Ängste finden ihren Niederschlag in physischen Verkrampfungen, Versteifungen des Körpers, Lähmungen, Gänsehaut, Schweißausbruch, Hitze- oder Kälteempfindungen, Verlust der Körperkontrolle, Bewußtseinsverlust. Physische Ängste wiederum wirken zurück auf die phsychischen Vorgänge und lösen seelische Verkrampfungen und Spannungen aus. So finden teilweise die gleichen weitenden, lösenden Instrumente Anwendung wie in der Krampftherapie, nur ohne Vibrationsübertragung, da diese Ängste auslöst.

Auch die menschliche Stimme wirkt oft beängstigend auf autistische und schizophrene Patienten, da sie mehr Beziehung zu leblosen Dingen als zu Lebewesen haben. So ist die nonverbale Therapie — die Musiktherapie hier meistens die Therapie der Wahl. Langsam kann dann zur Kontaktanbahnung versucht werden, mit dem Patienten in ein Wechselspiel zu kommen, indem man vorsichtig ihm Instrumente anbietet, jedoch niemals aufdrängt und dann auf sein Spiel eingeht.

Meistens bringt der Patient kaum Eigeninitiative, sondern kopiert nach einer Weile den Therapeuten, oder er wird verunsichert. So kann der Einstieg auch über die erwähnten Musikmärchen oder Musiktheater erfolgen, wo der Patient sich neutralisieren kann über eine Rolle.

Auch Puppenspiel und Marionetten kommen dem Bedürfnis des Patienten, nicht sich selbst preisgeben zu müssen, sehr entgegen. Ist die Glasglocke einmal durchbrochen und eine Brücke geschaffen, so können Singspiele oder gesungene Szenen vorbereitet werden zum verbalen Kontakt. Sogar tägliche Verrichtungen haben auf gesungenem Wege dann mehr Aufforderungscharakter. Oft entsteht ein Frage- und Antwortspiel, oft zuerst ohne Worte, gesungen oder als instrumentale Improvisation.

Musiktherapie bei antriebsgestörten Patienten

Bei einem Patienten mit schweren Antriebsstörungen bis zum apathischen Zustand verwende icht oft Cimbeln, die durch ein leichtes miteinander klirrendes Vibrieren den Patienten in ein Mitvibrieren versetzen und dadurch aktivieren. Dann wird der Weg über Instrumente mit mehr introvertierender Wirkung zu Instrumenten mit mehr extrovertierender Wirkung geführt. Alle Instrumente, Stabspiele mit Metallstäben (Metallophon, Glockenspiel), Gong, Cimbeln, Becken, auch Pauken gehen mehr in die extrovertierende Richtung. Das sind Instrumente, die sehr obertonreich sind, das Spektrum der mitschwingenden Töne wirkt weitend, lösend. Bei Patienten, die zur Auflösung neigen, kann jedoch diese Tendenz durch solche Instrumente verstärkt werden, die Lösung wird im Extrem zur Auflösung, denn sie können sich zum Schaden der Patienten auswirken. Ich habe es erlebt, daß z. B. schizophrene Patienten außer sich gerieten durch falsche Anwendung von Instrumenten in verschiedenen Einrichtungen. Durch Vibrationserlebnisse, meistens vom Rücken her vermittelt, wird die Aktivierung des antriebsgestörten Patienten angestrebt, bis der Patient zur Eigenaktivität geführt werden kann und in eine Gruppengemeinschaft eingegliedert wird.

Musiktherapie bei Krampfneigung (Cerebralparese, Epilepsie etc.)

Bei Patienten mit Krampfneigungen können die geschilderten Instrumente jedoch den Krampfzuständen entgegenwirken, die stark lösende weitende Wirkung löst auch die Enge der Verkrampfung. Schwingende Becken und Cimbeln im Rücken des Patienten oder über dem Kopf sind sehr stark in ihrer krampflösenden Wirkung. Die Patienten empfinden sich ganz in Klang eingehüllt, die Ebenen des Räumlichen (oben, unten, rechts, links, hinten, vorne) sind scheinbar aufgehoben. So können die Patienten auch nicht angeben, woher der Ton kommt. Diese Übung kann gesteigert werden bis zu einem tranceähnlichen Zustand, in dem der Patient zu völliger Entspannung kommt.

Atem- und Entspannungsübungen sind dabei eine wesentliche Hilfe. Der Patient lernt es, diese Entspannung selbst herbeizuführen, indem er seine gestörte Atmung durch Übungen reguliert, in einem Gleichmaß zum Pulsschlag und zu den Kreisläufen einschwingt, bis er an der Vorbeugung von Krampfzuständen selbst mitarbeiten kann. Ein Athetotiker z. B. der es lernt, seine Erregungen zu beherrschen, kann damit auch seine unkontrollierten Bewegungsabläufe in den Griff bekommen, sein Geist wird der Herr über seinen Körper. Auch Angstzustände sind meistens verbunden mit Verkrampfungen, auch wenn die Angst nicht bewußt wird (Angst kommt von Enge, Verengung).

So wird die Verkrampfung sich erst lösen, wenn die Ursache, nämlich die Angst, gelöst werden kann. Wenn wir den ganzen

Menschen als Einheit sehen, so werden wir auch nie ein Krampfgeschehen isoliert betrachten, sondern stets im Zusammenhang mit dem ganzen Menschen. So wird auch hier eine kausale Therapie möglich. Bei cerebral gesteuerten Krampfanfällen wird dann ein großes Becken direkt über dem Kopf angeschlagen in kreisförmiger Bewegung. Auch bei diesen Patienten sind Atemübungen und Entspannungsübungen eine große Hilfe, da die Atmung fast immer gestört ist. Epileptiker können es lernen, ihren Anfällen vorzubeugen, wenn sie diese vorausspüren.

Spastiker lernen es, durch Selbstentspannung Verkrampfungen zu lösen. Das ist jedoch nur möglich, wenn diese Patienten soweit gebracht werden konnten, daß sie selbst aktiv an der Therapie mitarbeiten. Ist das nicht möglich, weil der Patient dazu nicht in der Lage ist, so muß der Therapeut die Übungen mit dem Patienten ausführen oder sogar für ihn. Metallstabspiele und tiefe Saiteninstrumente erweitern und differenzieren die entspannende Wirkung, bis der Patient selbst mit den Instrumenten zu spielen beginnt. Jede Wirkung wird durch eigenes Tun verstärkt. Rhythmische Bewegungsspiele, Wechselspiele u. a. ergänzen auch hier sinnvoll die gezielten Übungen. Hohe geblasene Töne können für Patienten mit Krampfneigungen gefährlich werden. Schon oft wurde mir berichtet, daß durch die falsche Anwendung von Blasinstrumenten Krampfanfälle zur Auslösung kamen. Es gehören natürlich immer mehrere Faktoren dazu, einen Anfall auszulösen, doch dann kann die Krampfbereitschaft durch verschiedene Komponenten besonders geweckt sein, und die hohe Flöte z. B. wird dann zum Auslöser.

Bei Patienten, die zur Krampfbereitschaft neigen, gilt als erstes therapeutisches Gesetz, die Vermeidung von Krampfzuständen. Diese Vermeidung ist dominierend vor allen Therapiezielen. Sie zwingt oft zum Verzicht auf die Arbeit mit Instrumenten und Übungen, die man gerne einsetzen würde, weil sie bei bestimmten Störungen hilfreich sein könnten. Viele Krämpfe wirken sich zerstörend auf die Hirnsubstanzen aus, so darf der Therapeut nie durch gefährdende Anwendungen einen solchen auslösen. Antriebsweckung, Sprachanbahnung etc. sind wichtig, aber sekundär hinter diesem Primärgesetz. Oft muß der Therapeut ganz andere neue Wege der Umgehung der Gefahr sehen, um manche Bereiche ansprechen zu können. Das wichtigste Instrument zur Lösung der Krampfbereitschaft ist das erwähnte große Becken, das als Tonschwingungsübertragung über dem auf dem Bauch liegenden Patienten geschwungen wird, hinter dem sitzenden Patienten, über dem Kopf, später als Vibrationsübertragung direkt auf dem Kopf. Beginnt aber der Patient sich unter Einwirkung der Klänge wechselnd mit Atemtherapie zu entspannen, so beginnen weitere Übungen. Die oft sehr verkrampften, sogar zur Faust geballten Hände werden vom Handgelenk her auf das Becken geschlagen, bis sich die Hand öffnet und löst. Dann erst kann durch entsprechende Übungen der Greifreflex ausgelöst werden. Der Patient schlägt zuerst mit den Händen, dann mit einem Klöppel selbst auf das Becken, zuerst natürlich mit Hilfestellung und Führung, später selbständig. Große Baßstäbe werden im Rücken des Patienten angeschlagen, erst als Schwingungsübertragung zuerst mit Holzstäben, dann mit Metallstäben. Dazu wird später als Verstärkung unisono gesungen. Dann erfolgt die Vibrationsübertragung über den Rücken. Die Hände werden auf den schwingenden Resonanzkasten gelegt, und die Finger können sich durch die Vibration leichter bewegen, als Greifvorübung. Ebenso werden die Füße auf den Resonanzkasten gestellt, und die Zehen werden bewegt, ebenfalls als Greifvorübung. Später werden Gitarre und Violoncello ebenfalls zur Vibrationsübertragung über Rücken, Hände und Füße eingesetzt. Die Handtrommel wird als Schwingungsübertragung für Hände und Füße verwendet, sie wirkt außer der krampflösenden Wirkung wie die anderen Instrumente auch durchblutend und erwärmend. Hält man Hände und Füße gegen eine schwingende Trommel, so spürt man einen Wärmestrom in der Schwingung. Das Krummhorn wirkt dann stärkend auf die Gesamtkonstitution und dämmt als Stauinstrument, Speichelfluß und Einnässen.

Dazu sollte die Krankengymnastik so zeitig als möglich parallel laufen. Ist die Krampfbereitschaft stark zurückgegangen, so kann das Programm der gezielten musiktherapeutischen Bewegungsschulung, Körperkontrolle und Sprachentwicklung in der an anderer Stelle geschilderten Form beginnen. Der Patient muß allmählich die Fähigkeit gewinnen sich durch Atem- und Entspannungsübungen selbst zu entspannen ohne fremde Hilfe.

Die Stärkung des Willens der Persönlichkeit ist weiteres Ziel der Therapie, bis der Patient auch bei unvorhergesehenen Situationen und bei Belastungen sich selbst immer besser beherrschen lernt. „Die Beherrschung der Erregung führt zur Beherrschung der Bewegung" (Dr. Carlsson).

Musiktherapie bei mongoloiden Patienten

Mongoloide Patienten (Down Syndrom) sind oft sehr stark der Schwere verhaftet, verlangsamt, antriebsarm. Selektionsvermögen und abstraktes Denken sind meistens kaum vorhanden. Sie verfügen jedoch oft über ein erstaunliches Gedächtnis für reale Fakten. In der Therapie wird zu Beginn oft die Pauke eingesetzt in gleichmäßigen Rhythmen. Tiefe Streichinstrumente führen in ein rhythmisches Gleichmaß. Sehr wesentlich sind für diese Patienten Bewegung nach Musik und Bewegungsspiele, um ein Erleben der Auflockerung der Schwere bis in den Tanz zu gestalten. Das rhythmische Element liegt ihnen viel näher als das melodische, was schon meistens in einer kehligen, unmelodischen Stimme zum Ausdruck kommt, wodurch oft eine Unfähigkeit zum richtigen Singen bedingt wird. Da sie meistens pantomimisch sehr begabt sind und eine gute Beobachtungsgabe und Nachahmungsfähigkeit haben, sind Darstellungs- und Gestaltungsspiele, Rollenspiel und Musikmärchen sowie Musiktheater für sie besonders geeignet, sich in eine Leichtigkeit hineinzuleben. Das oft zu starke Anlehnungsbedürfnis und eine häufige Distanzlosigkeit finden hier ein Ventil in schöpferischer Gestaltung. Auch bei postencephalitischen Patienten kann eine solche Therapie eine große Hilfe sein, zu sich selbst zu finden aus dem Chaos der Selektionsunfähigkeit und Distanzlosigkeit. Die häufige Armut an echten Gefühlswerten bei letzteren wird durch die Darstellung von Freude, Trauer, Schrecken, Angst etc. zur Vertiefung des Erlebens geführt, bis eine Fähigkeit sich entwickelt, diese Empfindungen selbst in sich aufzubauen und echtes Erlebnis werden zu lassen. Das gilt auch für autistische und schizophrene Patienten. Durch diese Art von Therapie können auch echte Bindungen aufgebaut werden, so daß die Breite der Distanzlosigkeit und Bindungen an jeden Fremden zur Tiefe echter Bindungen an bestimmte Personen führt, oft über das Miteinander im Rollenspiel etc. wo Freundschaft, Liebe etc. zur Darstellung kommen.

Musiktherapie zur Sprachentwicklung

Es ist interessant, daß alle Kinder „international" schreien und lallen. Beim Säugling gibt es noch keine Differenzierung durch die Sprachenteilung. In der Kinderklinik kann sich der Kinderarzt, der seine kleinen Patienten nicht nur verarztet, sondern behandelt, mit allen Säuglingen lautlich verständigen. Ich habe es erlebt, wie ein Pädiater mit den Säuglingen ein munteres, lautliches „Frage- und Antwortspiel" trieb. Die Babys reagieren auf bestimmte lautliche Äußerungen und geben diese wieder. So ist auch die vokale Äußerung die erste Aufnahme des Kindes neben der taktilen. Taktile und akustische Wahrnehmungen sollten möglichst zusammenwirken, d. h. das Kind sollte während der Tonwahrnehmung in Körperkontakt zur Beziehungsperson sein. Meistens wird diese die Mutter sein, die zum Kind spricht oder für dieses singt und es dabei wiegend bewegt. Mutter muß nicht immer die leibliche Mutter sein, sondern diejenige Person, die für das Kind die Mutter darstellt. Da alle Babys in der ganzen Welt noch nicht „national" schreien und lallen, sind auch die elementaren Wiegenlieder international in der Tonsprache pentatonisch. Diese Melodie ist unendlich, ohne Anfang und Ende, ohne Grundton, ohne Tonwertung, ohne Halbtöne, sie entspricht noch der unbegrenzten Weite des Kindes. Durch Forschungen konnte sogar festgestellt werden, daß sogar Embryos im Mutterleibe schon auf Tonreize reagieren. Es ist also nicht unwichtig, welcher Art diese Tonreize sind. Aus diesen Schilderungen ergibt sich, daß Musiktherapie schon im Säuglingsalter angewandt werden kann (hier als Vokaltherapie, noch nicht als Instrumentaltherapie), um Sekundärschäden gar nicht erst entstehen zu lassen, die oft, bei späterem Einsatz der Therapie, mit viel Mühe und Aufwand wieder abgebaut werden müssen. Je zeitiger eine Behandlung möglich ist, um so bildsamer ist das Kind und Zwangshandlungen, Stereotypien, festgefahrenes Fehlverhalten können vermieden werden. Aus dem Singen entwickelte Sprache ist oft ein Beginn der verbalen Verständigung, nachdem eine nonverbale tonale vorausging. Eine Sprachanbahnung beginnt mit der Tonübertragung. Der Musiktherapeut summt zuerst Töne gleicher Tonhöhe, dann verschiedene Töne direkt im Rücken des Patienten, zwischen den Schulterblättern. Die Tonvibration setzt sich im Patienten bis in die Resonanzräume fort, so auch im Kopfbereich.

Der Patient beginnt nach einiger Zeit, selbst Töne hervorzubringen. Jetzt setzt eine Rhythmisierung der Töne durch Atemregulierung ein, das Zwerchfell wird in ein rhythmisches Schwingen versetzt, zuerst durch gleichzeitige Bewegungstherapie durch den Therapeuten. So lernt der Patient, gezielt Töne hervorzubringen, die in Tonhöhe und Dauer variieren. In diesem Stadium können Vokale und Lippenlaute ebenfalls von hinten übertragen werden. Der Patient lernt also nicht die Lautbildung auf visuellem Wege (ablesen), sondern auf auditivem (Tonübertragung) und durch Vibrationserlebnisse.

Instrumente verstärken die Klangvariationen der menschlichen Stimme, z. B. die Okarina, die Doppelflöte, das Krummhorn, die auch im Rücken des Patienten gespielt, oft sogar von diesem durch trillerartige Töne verschiedener Tonhöhen nachgeahmt werden. Auch die Schwingungen der Baßstäbe werden von hinten auf den Patienten übertragen. Später beginnen die Patienten, mit mir gegen das Fell einer Pauke, gegen einen Gong oder andere Instrumente zu tönen, die den Ton im Widerhall verstärken. Ein tauber Junge nahm sich im plötzlichen Impuls die Gitarre, die ich ihm zur Schwingungsübertragung unter Hände und Füße gehalten hatte und sang in sie hinein. Stimmgabeln mit besonderen verschiedenen Schwingungen werden an die Schläfen und an das Felsenbein gehalten als Schwingungsübertragung. Die Patienten geben nach kurzer Zeit trillerartige Töne von sich, die je nach Instrument variieren. Auch taube Patienten reagieren nicht nur auf die Schwingungen, sondern auch auf die Klangfarben der Instrumente, wodurch ihre eigenen Töne variationsfähig werden. Vorher wird die Schwingung von Becken, Baßstäben und Trommeln über Rücken, Füße und Hände erlebbar. Diese letzten Übungen wirken außerdem sehr krampflösend. Erst, wenn der Patient fähig ist, bewußt Töne zu Lauten zu formen, geht die Arbeit in die Frontalebene über. Der Patient kann jetzt Lautbildungen beim Therapeuten ablesen und abfühlen, z. B. Gutturallaute am Kehlkopf. Instrumente verstärken auch diese Arbeit, z. B. Doppelflöte, die direkt auf den Kehlkopf des Patienten gestellt wird, so daß er die Töne erfühlt und nachvollzieht. Auch das Krummhorn, die Klarinette kommen zum Einsatz als Klangfarbenvarianten. Das „Wortwerfen", bzw. vorerst „Lautwerfen" mit einem Ball bringt den Ton nach vorne.

So lernt der Patient, auch der Taube, Töne verschiedenster Tonhöhe zu bilden. Dann setzt die Differenzierung der Laute und die Artikulation ein, bis der Patient eine klangvolle, modulationsfähige Sprache aufbaut. Über das Singen wird dann der Sprechgesang und dann die selbständige Sprache entwickelt. Bei Kindern helfen Wortergänzungsübungen und Spiellieder sowie Fingerspiele. Die Fingerspiele sind für die Sprachentwicklung deshalb so wesentlich, weil die Feinmotorik bei diesen

Spielen eng verbunden ist mit der Sprachmotorik. Bewegungszentrum und Sprachzentrum stehen in Relation zueinander. Leider werden heute in den Familien und Kindergärten zu wenig Fingerspiele gemacht. Ich bin überzeugt, daß darin eine Teilerklärung dafür liegt, daß die Sprachstörungen auch bei „gesunden" Kindern immer mehr zunehmen. Die Sprache ist ein wesentliches Merkmal des Menschseins. Ein Mensch, der sich nicht durch die Sprache mitteilen kann, muß isoliert bleiben. So ist die Entwicklung der Sprache ein Weg zum Du, zum Wir, zum Miteinander.

Schrittweise Entwicklungshilfe

Die Entwicklung der Sprache ist sehr bedeutend für die Denkschulung. Für die Entwicklung der Sprache ist wiederum die Entwicklung der Motorik wesentlich. So sind — Fingerspiele — wie erwähnt — eine nicht zu unterschätzende Hilfe bei der Sprachanbahnung wegen der Relation der Feinmotorik zur Sprachentwicklung. Wesentlich ist, daß der Behinderte die Spiele auch beim Therapeuten vollzieht. Das eigene Körperschema und das des Therapeuten werden dem Behinderten bewußt gemacht, dann wird der Radius auf die Gruppe erweitert durch Partnerspiele, Wechselspiele. Der Raum in die Umwelt wird durch Raumorientierungsübungen: oben, unten, hinten, vorne, links, rechts etc. erweitert, die Spiele werden auf den Alltag bezogen.

Greifen wird oft Ventil zum „Begreifen", der physische Vollzug findet seinen Spiegel in geistigem Bewußtsein. Sehr wesentlich ist es, daß in jeder Entwicklungsphase, in der die Therapie beginnt, auf eine neue Entwicklungsphase hingearbeitet wird.

Läßt man das Vakuum bestehen, so werden immer Entwicklungslücken bleiben, die sich später nicht mehr ausfüllen lassen. Kann ein Kind z. B. nicht kriechen, so wird es auch nicht richtig laufen. So fülle ich durch Kriechübungen das Vakuum aus, was sich dann auf das Laufen, das ja eigentlich erst die nächste Phase ist, korrigierend auswirkt. Ebenso ist es im Bereich der Sprache. Wenn ein Kind nur unartikulierte Laute von sich gibt, so muß ich als Therapeutin das Vakuum der Tongebung durch Tonübungen füllen, um erst dann zu gezielten Artikulationsübungen weiterzugehen. Erst so erhalte ich eine wirkliche klangvolle, gut verständliche Sprache. Nie wird ein Patient in allen Bereichen auf der gleichen Stufe stehengeblieben sein, sondern die Retardierung bezieht sich auf bestimmte Bereiche. So ist eine Einstufung: „Das Kind befindet sich auf der Stufe eines Dreijährigen" u. ä. fast immer fragwürdig, da es den Menschen pauschalisiert. Z. B. auf dem Gebiet der Sprache kann das bei einem siebenjährigen Spastiker wohl zutreffen, in anderen Bereichen steht er aber auf anderen Entwicklungsstufen. Viele Tests setzen Sprachfähigkeit voraus, so müssen Patienten, die nicht sprechen können, in diesen Tests versagen. Das gibt oft ein verzerrtes Bild über ihre Intelligenz und Fähigkeiten. Sollte nicht jeder Patient nicht nach normierten Tests, sondern nach einem seiner individuellen Eigenart gerecht werdenden „Individualtest" bewertet werden? Viel Leid bliebe den Behinderten und ihren Eltern erspart, viel mehr Förderungsmöglichkeiten könnten genutzt werden. So verschließen Gutachten, die auf negativen Testergebnissen aufbauen, dem Behinderten oft alle Türen, da Vorurteile entstehen. Es beginnt ein Teufelskreis, aus dem der Behinderte kaum wieder herauskommt, da Resignation auf den vergeblichen Kampf folgt. In meiner Praxis hat es noch keinen „nicht bildbaren" Patienten gegeben.

Gruppentherapie — ein Schritt zur Eingliederung

Ist nun der Patient durch die intensive gezielte Einzeltherapie auf dem geschilderten Wege über unbewußtes Aufnehmen, Lauschen, Hinhören, Lösung, Entspannung, Kontaktaufnahme etc. zur Eigenaktivität geführt worden, so kann er in eine Gruppentherapie aufgenommen werden. Die Einzeltherapie begleitet seine weitere Entwicklung noch eine Weile, bis er immer mehr in sich gefestigt wird, um der Gruppensituation gewachsen zu sen. Dort wird über Bewegungsspiele, Wechselspiele, Partnerspiele, Gestaltungs- und Darstellungsspiele, Pantomime, Rollenspiele, Musikmärchen, Musiktheater sowie durch Improvisation der Zugang zum „Du" und allmählich zum „Wir" angebahnt, bis sich die Gruppe zur Einheit formt. Ich halte es für sehr wichtig, daß die Gruppen in ihren Behinderungsarten gemischt sind, da dadurch etwas wie ein „Selbstheilungsprozeß" durch die Gruppe entstehen kann. Ein mongoloides Kind kann z. B. manchmal ein autistisches Kind durch seine direkte Art aus der Isolation hervorlocken, plötzlich nimmt das bisher völlig teilnahmslose Kind am Gruppengeschehen teil. Autistische Kinder verwehren sich oft etwas selbst, was sie eigentlich lieben, sie zerstören es sogar. Das Zugeben eines Bindungsgefühles ist ja oft eine Überforderung des Kindes, das beginnt, von seinem Gefühlschaos, das sich durch das Ventil der therapeutischen Behandlung aus seinem Panzer heraus Bahn bricht, überflutet zu werden. In diesem Stadium ist die schrittweise Loslösung vom Therapeuten und Eingliederung in eine Gruppe von großer Wichtigkeit, und die Kinder geben sich gegenseitig große Hilfe.

Die Arbeit in der Gruppe

In der Gruppentherapie bekommt nun jeder Patient das Instrument, das seiner Krankheit und ihm selbst speziell in seiner therapeutischen Wirkung angepaßt ist. Die Patienten werden in eine Gemeinschaft hineingenommen, mit der sie die Freude am gemeinsamen Tun sowie die gegenseitige Hilfe verbindet, und sie lernen sich geborgen zu fühlen in einem Ganzen. Wesentlich ist dabei, daß der Therapeut sich auf die gleiche Ebene stellt, räumlich und in seinen persönlichen Gesten. Wenn die Patienten am Boden liegen oder sitzen, sollte er sich ebenfalls dazusetzen. Er sollte immer am Gruppengeschehen beteiligt sein, wenn auch angestrebt werden sollte, daß er später aus seiner Rolle des „Gruppenleiters" immer mehr zurücktreten kann in den Hintergrund, so daß die Gruppe in sich die Waage hält. Das Eingegliedertsein in die Rhythmen des Tages, des Jahreslaufes, der Festeszeiten ist ein wesentlicher Bestandteil der Therapie. Die Rhythmen des täglichen Lebens sollten die Rhythmen der Therapie widerspiegeln.

Wir beginnen oft die Gruppenstunde mit einem „Einläuten" der Stunde auf pentatonisch abgestimmten klingenden Stäben. Jedes Kind schwingt rhythmisch einen Stab zu einem Glockenlied. Dann werden Glockenspiele, Xylophone, Metallophone, Glockenorgel und Baßstäbe sowie Gong, Becken, Cimbeln als Glocken verwendet und es entsteht ein aufgeteilter Kanon, bei dem jedes Kind ein Motiv zugeteilt bekommt. Die Motive werden zuerst wie ein Fangeballspiel wahllos gespielt, dann in der Reihenfolge des Liedes nacheinander. Zuletzt spielt jedes Kind sein Motiv ständig weiter, so daß der Eindruck eines Kanons entsteht als Vorbereitung zur Mehrstimmigkeit. Da ein ganzes Lied noch nicht im Gedächtnis haften bleibt und das Einsetzen im Kanon noch nicht möglich ist, kann dieser „aufgeteilte Kanon" eine Brücke dazu werden. Jedes Kind kann dann später seine Stimme zusätzlich singen. Zuerst setzen die Instrumente nacheinander ein, dann das Singen, dann hört das Singen nacheinander auf, danach die Instrumente. So entsteht ein dynamisches Geschehen.

Ein Begrüßungsspiel auf klingenden Stäben, erst als nonverbales Frage- und Antwortspiel, dann mit den Namen der Kinder, führt zum Erkennen des „Du". Vielen Kindern wird über solche Spiele erst zum Erlebnis, daß das Kind neben ihm oder gegenüber angeredet werden kann, ja daß es überhaupt wahrgenommen wird.

Wechselspiele und Partnerspiele erweitern diese Übungen. Dynamisches Stampfen, Patschen, Klatschen lassen den Körper als Instrument erlebbar werden. Tempo- und Lautstärken-Variationen bereiten die Übertragung auf Instrumente vor. Dann werden diese Bewegungselemente gemischt vorgemacht und müssen von den Kindern nachvollzogen werden. Zuletzt können die Kinder nur den Rhythmus übernehmen, jedoch in eigener Gestaltung. So wird über die Nachahmung die schöpferische Eigenaktivität angeregt. Wichtig ist, daß der visuelle Bereich gleichzeitig mit dem auditiven angesprochen wird. Auch die do-re-mi-Handzeichen bringen Hörbares in den sichtbaren Bereich, gesteigert durch das Aufrichten vom Liegen bis zum Hinaufsteigen auf einen Stuhl. Sogenannte „unmusikalische" Kinder lernen, auf diese Weise Tonabstände zu empfinden und wiederzugeben. Hörübungen werden dann umgekehrt von den Kindern sichtbar gemacht, z. B. unten brummt der Bär: die Kinder beugen sich zur Erde, oben singt das Vögelein: die Kinder strecken die Arme über den Kopf.

Die Ebene über dem Kopf ist für die meisten Behinderten nicht existent. Dann werden die Bewegungselemente auf entsprechende Instrumente übertragen.

Bei einem Gruppenspiel, bei dem sehr stark das Erlebnis der Gruppengemeinschaft entsteht, hat jedes Kind einen Klangstab. Im Rhythmus eines Liedes werden die Stäbe weitergegeben — eine Hand gibt, die andere nimmt. Dieses Geben und Nehmen wird zum verstärkten Erlebnis, wenn persönliche Dinge weitergegeben werden, z. B. Schuhe, Spielsachen etc. Die Kinder lernen dabei, daß sie sich lösen müssen von den Dingen, was vielen, besonders den antriebsschwachen Kindern schwerfällt.

Sie lernen aber auch, daß sie etwas empfangen können vom anderen. Der Rhythmus ist eine große Hilfe zum Antrieb. Außerdem ist diese Übung eine gute Unterstützung zur Dominanzausbildung. Man kann diese Übung auch variieren, indem zwei Gruppen aufeinander zugehen und zurück, wobei in der

Mitte die eine Gruppe der anderen Klangstäbe o. ä. übergibt. Das Rückwärtsgehen muß oft in der Einzeltherapie durch Übungen vorbereitet werden, da vielen Behinderten das „Hinten" Angst einflößt. Das gemeinsame Vor- und Rückwärtsgehen in einer Kette zieht oft diese Kinder mit. Diese Übungen können durch Tempovariationen zu Reaktionsübungen erweitert werden. Sie sind eine gute Vorbereitung für kleine Tanzspiele, Partner- und Gruppentänze.

Viele Möglichkeiten ergeben sich durch rhythmische Ballspiele: Rollen, Werfen mit Fangen, Weitergeben, wie bei der Klangstabübung oder rhythmisches Auftippen. Dadurch prägt sich der Rhythmus besonders stark dem Organismus der Patienten ein. Es ist erstaunlich, wie rasch sogar schwer Behinderte auf diesem Wege Rhythmen erfassen und nachvollziehen. Schwingende Übungen mit Trommeln und Becken um den eigenen Körper lassen das rhythmische Erleben räumlich werden, bis diese Übungen, die zuerst im Stehen ausgeführt werden, erweitert werden ins Gehen, Laufen, Springen. So kommt als Leistung die Koordination zwischen Augen und Händen sowie Händen und Füßen hinzu. Läuft der Patient unruhig im Raum umher, wird das Becken freischwingend in den Raum geschwungen. Oft können diese Patienten weder die Übungen von hinten, noch in der Frontalebene ertragen. Beides löst Ängste aus, das „ungewisse Hinten", die Direktkonfrontation des Vorne.

Die Kinder erleben gemeinsam den Raum. Dieses Erlebnis wird verstärkt dadurch, daß die Kinder Formen laufen, kreisförmige, sternförmige u. a., wobei in diesem Stadium damit begonnen wird, sie mit entsprechender Musik zu führen. So erweitern sich die Bereiche immermehr, die in den Kindern angesprochen werden, ebenso die Leistungen, die sie spielend gleichzeitig vollbringen, bis sie im Darstellungs- und Märchenspiel zu eigenem Gestalten finden in Gemeinsamkeit mit der Gruppe.

Gruppenimprovisation

Die Improvisation ist ein sehr wichtiger Bestandteil der Gruppentherapie. Meistens liegt der Beginn im „Chaos". Den Patienten werden keine Richtlinien gegeben, jeder kann auf seinem Instrument völlig frei drauflosspielen. Der nächste Schritt ist, daß jeder Patient alleine versucht, sämtliche Möglichkeiten seines Instrumentes zu erschöpfen. Der darauf folgende Schritt ist das Erlebnis von laut und leise. Der Gruppenleiter bringt auf seinem Instrument eine Anregung zur dynamischen Differenzierung. Laut und leise werden zuerst als krasse Gegensätze erlebbar gemacht, dann werden die Übergänge des „Werdens" eingeschaltet, d. h. eine Entwicklung wird gestaltet. Danach wird ein gemeinsamer Rhythmus gefunden, der sich allmählich ergibt. Über diesem rhythmischen Klangteppich bringen dann einzelne Patienten ihr Instrument in den Vordergrund, sie werden plötzlich lauter. Nun können die anderen entweder weiterspielen, oder sie müssen pausieren, bis der „Solist" wieder in den Hintergrund tritt, leiser wird. Das bedeutet schon eine starke Konzentration, ein Hinhören auf den anderen, ein soziales Empfinden für den Gruppenprozeß. Einige Patienten, die sich ständig in den Vordergrund drängen, müssen lernen, daß sie nicht immer diejenigen sein können, die „Solisten" sind, andere, die ständig im Hintergrund bleiben, müssen ermutigt werden, aus ihrer Anonymität herauszukommen. Über dem Klangteppich werden ständig neue Klangfarben durch die Soloinstrumente erlebbar. Als nächste Übung spielen jeweils zwei Patienten miteinander, wenn ein Dritter dazukommt, hört der erste auf. So wird aus dem Gruppenspiel ein Partnerspiel, aus der Anonymität wird ein „Du". Konzentration, Reaktion und Einfühlen in den jeweiligen Partner sind Ziele dieser „Kettenimprovisation". Es entstehen ständig neue Klangverbindungen. Die Patienten lernen Rücksicht zu nehmen, wenn der Partner ein leiseres Instrument spielt. Diese sozialen mitmenschlichen Erfolge wirken sich dann auch im Alltag aus. Wenn ein Gegenüber zum Partner geworden ist, so kann man ihm auch bei der

Arbeit z. B. Hilfe anbieten oder ihn darum bitten. Oft arbeiten behinderte Jugendliche jahrelang am gleichen Arbeitsplatz, ohne daß sie die Existenz des anderen wahrgenommen haben. Die geschilderte Instrumentenkette wird dann fortlaufend erweitert, bis alle mitspielen, dann hört einer nach dem anderen auf, so daß das dynamische Erleben verstärkt wird. Aus der freien Form der Improvisation wird die gebundene Form entwickelt. Der Therapeut oder ein Patient improvisiert rhythmische Variationen auf einem Instrument, die Gruppe fügt sich begleitend ein. Melodische Improvisationen mit verschiedenen Bordunformen erfordern dann schon die Gruppe als Einheit. Dann können sich auch Rollenspiel, Pantomime, Darstellungsspiele und Gestaltungsspiele anschließen, die den Partner und die Gemeinschaft zum Spiegel werden lassen.

Musiziergruppen

Diejenigen Patienten, die durch Einzel- und Gruppentherapie soweit in ihrer Entwicklung fortgeschritten sind, daß für sie eine therapeutische Behandlung nicht mehr notwendig ist, haben oft das Bedürfnis, in einer Gemeinschaft zu musizieren. So entstanden Musiziergruppen mit rehabilitierten Patienten und gesunden Musikanten. Jeder spielt auf seine Weise: nach Gehör, nach Buchstaben, nach farbigen Noten, nach „richtigen" Noten.

Nicht die konzertreife Leistung ist wesentlich, sondern die Freude am gemeinsamen Spiel, Singen, Musizieren, Tanzen. Daß trotzdem oft recht beachtliche Leistungen entstehen, verdanken die Gruppen nicht zuletzt der großen Hilfsbereitschaft untereinander und dem Ansporn, der aus der Gemeinschaft erwächst. So lernen die Behinderten durch die Gesunden und die Gesunden durch die Behinderten.

Melodisches und rhythmisches Element werden aufbauend auf der Arbeit in den Therapiegruppen zu einer Einheit verschmolzen, Dynamik und Harmonie treten immer stärker in den Vordergrund. Vieles hat sich noch erhalten, was ins Mittelalter, die Antike, ja bis in die Urzeit zurückgeht, in der Melodik, Rhythmik und Dynamik. Die Kinder lernen im Wechsel hören und selbst spielen. Sie spielen leichte vorgespielte Rhythmen nach und lernen Lieder an ihren Rhythmen erkennen: Liederraten.

Dann lernen die Kinder Tonhöhen unterscheiden und die Intervalle werden als Vorstufe von Melodiefolgen erlebbar gemacht. Der rhythmische Kanon, z. B. Klatschkanon, später Trommelkanon u. ä. und der melodisch aufgeteilte Kanon, oder das aufgeteilte Lied, bei dem jedes Kind immer den gleichen Teil singt oder spielt, kann als Vorstufe zur Einleitung einer Mehrstimmigkeit erarbeitet werden, bis zum Quodlibet. Dann sind die Kinder meistens schon so weit, daß jedes Kind den Rhythmus seines Liedes spielt gegen den Rhythmus der anderen, wodurch oft recht interessante Gegenrhythmen entstehen. Die Kinder lernen die Lieder selbst begleiten, erst in ostinaten Figuren (Bordun) und danach den Rhythmus zum gedachten Lied spielen, was schon eine gewisse Konzentration erfordert. Rhythmische und melodische Improvisationen sowie Nachspielen von Rhythmen und Melodiefolgen, die der umgebenden Natur abgelauscht werden, schließen sich an. Für außerordentlich wichtig halte ich die Bewegung nach Musik. Sie geht in den Organismus dadurch ein, daß der ganze Mensch in ihre Ausübung mit einbezogen wird (Tanz). Der Organismus gerät durch Melodien, Rhythmen in ein Mitschwingen, was sich lösend und harmonisierend auswirkt. Hörübungen mit geschlossenen Augen, musikalische Suchspiele erweitern die Raumorientierung. Stampfen, Klatschen, Patschen werden jetzt als Echospiel verwandt, das dann auf Instrumente übertragen wird. Rhythmisches Gehen, Laufen und Springen in Schnecken-Kreis-, Stern- oder Lemniskatenform u. a. bringen den Kindern das Formerlebnis im Raum nahe. Schlaginstrumente werden hinzugezogen, wobei man später die Kinder einen Rhythmus laufen läßt und einen Gegenrhythmus klatschen bzw. spielen läßt, oder Takt gegen Rhythmus, eine ausgezeichnete Übung für unkonzentrierte, langsame Kinder und solche, die alle Bewegungen nur einseitig durchführen, aber auch für unharmonische Kinder. Später können diese Gegenrhythmen auf zwei Gruppen verteilt werden. Dann lernen die Kinder in der Kette Rhythmen klatschen, wobei eine Betonungsverschiebung entsteht, da die Anzahl der Kinder nicht mit der Anzahl der Schläge übereinstimmt. So entstehen synkopierte Rhythmen als Vorstufe zum Klatschen und Spielen von Synkopen, großen Rhythmen gegen kleine, geraden Taktarten gegen ungerade. Oft sind es gerade die als „unmusikalisch" bezeichneten Kinder, die es hier zu erstaunlicher Unabhängigkeit beider Hände oder von Händen und Füßen bringen. Durch diese rhythmischen und melodischen Vorübungen wurde die Voraussetzung geschaffen für mehrstimmige Lieder, Chorsingen mit Instrumenten, kleine Vokal- und Instrumental-Szenen.

Die Kinder lernen dann den Wechsel der Instrumente, Bewegungselemente oder Melodiefolgen in einem eigenen Wechsel der Improvisation oder Bewegungsform nachzuvollziehen und später sogar Dynamik, Taktwechsel, Staccato, Legato zu erleben und nachzugestalten im Wechsel.

Einige Kinder haben nun auch selbst einige Instrumente, auf denen sie Unterricht erhalten: Blockflöte, Kantele, Streichpsalter, Glockenspiel, Gitarre u. a. Der Instrumentalunterricht wird aus der Einzeltherapie entwickelt, auf ihr aufgebaut. Unsere Liedbegleitungen z. B. mit der Gitarre sahen anfangs recht einfach aus: Durch Handzeichen wird angezeigt, welche Töne gespielt werden müssen. Jetzt spielen einige Kinder schon mit Akkorden in mehreren Tonarten. Wir haben unsere Liedbegleitung schon auf reine Instrumentalstücke erweitert mit verschiedensten Instrumenten-Kombinationen. Die Phantasie der Kinder wird angeregt, indem sie die gleichen Lieder und Stücke einmal traurig, einmal fröhlich etc. spielen. Die Kinder lernen die Welt von

Dur und Moll sehr gut empfinden, wenn sie das gleiche Lied oder Stück in Dur und Moll singen oder musizieren, z. B. nachdem der „Augustin" alles verpraßt hat, wird ihm in Moll ein Trauermarsch gesungen. Ein wesentlicher Bestandteil dieser Arbeit ist der Wechsel zwischen selbst singen und Instrumentalmusik (Spiel des Therapeuten) hören. Auch der Wechsel zwischen Singen und Spielen und Singen.

Ein Erlebnis sind für die Kinder kleine Aufführungen füreinander, für die Eltern, für Gäste. Sogar ein öffentlicher „Musizierabend" Behinderter wurde vor überfülltem Saal eine bleibende Erinnerung und Bestätigung und gab neuen Ansporn.

Daß viele Kinder jetzt auch außerhalb unseres Institutes in Chören, Musiziergruppen und Spielgruppen mitwirken, läßt ihren Rehabilitationsweg aus der kleinen therapeutischen Gruppengemeinschaft in die große der Umwelt einmünden.

Gemischte Gruppen

Daß autistische Kinder, wie geschildert, z. B. viel eher Kontakt zu nicht-autistischen Kindern bekommen, hat mich veranlaßt, sie in gemischte Gruppen einzugliedern. Das hat sich sehr bewährt, weil z. B. besonders kontaktfreudige Mongoloide die autistischen Kinder mit großer Selbstverständlichkeit in die Gemeinschaft einbeziehen, sie herauslocken aus ihrer Isolation, was ich schon schilderte. So werden die Kinder sich gegenseitig zum „Test", d. h. sie erproben ihre Fähigkeiten an den anderen. Oft gehe ich als die Beschenkte aus der Therapiestunde, weil die unbefangene, unverstellte, klare Atmosphäre mir Auftrieb gibt für das Leben in einer leider oft spannungsgeladenen unaufrichtigen, egoistischen Atmosphäre der „Gesunden", und weil ich von den Behinderten durch Liebe, Fröhlichkeit, Dankbarkeit, Eifer oder andere Äußerungen bereichert wurde.

Entwicklungsphasen der Behandlung

Die geschilderten verschiedenen Phasen der Musiktherapie bauen aufeinander auf. Zuerst wird immer die gezielte, spezielle Therapie als Hörtherapie beginnen, die Klangtherapie. Dann setzt parallel dazu die Gruppentherapie ein, in einem Stadium, in dem die Patienten schon in der Einzeltherapie darauf vorbereitet werden, aber eigentlich noch nicht als gruppenfähig bezeichnet werden. Da die Gruppentherapie so zeitig eingesetzt wird, ist diese Gruppenarbeit oft recht schwierig, da es oft anfangs sehr turbulent zugeht. Doch halte ich es trotzdem für wichtig, so zeitig mit der Gruppenarbeit zu beginnen, da ich der Auffassung bin, daß die Gruppensituation für den Patienten mitziehend, tragend wirkt, auch wenn dieser sich anfangs gar nicht einfügt und beteiligt und Kontakte ablehnt. Mit der Zeit läßt er sich einbeziehen durch das starke therapeutische Geschehen, das ihm größtenteils aus der Einzeltherapie bekannt ist. Die Übungen aus der Einzeltherapie werden leicht modifiziert, wegen der Gruppensituation übernommen. Dann wird langsam das Programm verändert, indem jeweils nur eine Übung durch eine neue abgelöst wird. So haben die Behinderten immer einen Halt an bekannten Übungen, die oft durch einen langen Zeitraum wiederholt werden, damit sie immer mehr vertieft werden können. Durch die Wiederholung lernen die Behinderten Schritt für Schritt — oft in kleinsten Schritteinheiten — die therapeutischen Zielsetzungen der Übungen kennen und auszuführen. Oft beinhaltet eine Übung den Aufbau mehrerer Fähigkeiten, dann wird erst eine Richtung verfolgt, dann nacheinander die anderen, erst zuletzt alle gleichzeitig. Die Übungen werden entsprechend modifiziert, so daß sie im alten Gewande stets neu erscheinen oder auch stets neue Gewänder erhalten und trotzdem bekannt bleiben. So überfordern sie einerseits nie, andererseits werden sie nie langweilig und ermüdend, sondern können später sogar einige schöpferische Fähigkeiten im Behinderten wecken und anregen, bis dieser selbst Variationen bringen kann.

In diesem Stadium schließt sich an die Gruppentherapie die Spielgruppe oder rhythmische Bewegungstherapie an. Die Behinderten lernen es, im freien Spiel miteinander, in rhythmischen Bewegungsformen, Tanzformen, Rollenspiel, Gestaltungsspiel, Pantomime, Musikmärchen, Musiktheater, Bewegung nach Musik und Umsetzen der Bewegung in Musik sich auszudrücken und zu befreien, Konflikte und Probleme erst durch künstlerische nonverbale Gestaltung zu verarbeiten, dann im oft später anschließenden Gespräch. Auf dem Wege der künstlerischen Gestaltung kann oft vieles „gesagt" werden, was verbal unausgesprochen bleiben würde. Der direkte Zugang der musikalischen Vorgänge zum anderen und dessen direkte Antwort auf gleichem Wege schließt Mißverständnisse mehr aus als der Umweg über das Wort, das so vielseitig denkbar ist und oft gerade bei Behinderten Angst auslöst, weil er es nicht so erfassen kann in seiner Bedeutung oder weil er sich nicht identifizieren kann oder will.

Die nächste Stufe ist die erwähnte Musiziergruppe, in der Behinderte und Nichtbehinderte miteinander musizieren, spielen, tanzen etc. als Vorbereitung für Musiziergruppen außerhalb des Instituts.

Die Behinderten kennen sehr selten ein „Falsch", sie geben sich als sie selbst, ohne Verstellung. So kann auch ich mich ganz als ich selbst geben, ohne die ständige Sorge, wie der andere über mich denkt, ohne Umwege der Diplomatie, direkt von Mensch zum Menschen in innerer Wahrhaftigkeit. Das wird oft auch zum Erlebnis für die Nichtbehinderten.

5. Teil: Die Therapeuten

Der Musiktherapeut in Beziehung zu anderen Therapeuten,
zu den Eltern — Der Patient als Therapeut

Der Musiktherapeut — mitmenschliche Schwingungen

Außer der Wirkung der Musiktherapie ist die Wirkung der Persönlichkeit des Therapeuten ein sehr wesentlicher Faktor. Die Ausstrahlung, die vom Therapeuten ausgeht, teilt sich dem Patienten mit. So muß der Therapeut ständig an sich arbeiten und sich kontrollieren, um dem Patienten die Atmosphäre schaffen zu können, die er braucht. Die Patienten reagieren oft besonders sensibel auf die innere Verfassung, in der sich der Therapeut befindet, d. h. sie können mit in seine Stimmung „eingestimmt" werden. Ich komme fröhlich lachend in eine Gruppentherapiestunde, ein mongoloides Mädchen fragt: „Warum bist du so traurig?" Es empfand hinter der unechten Fröhlichkeit einen echten Kummer. Oder nach einem Telefongespräch ist zwischen einem Vater und mir eine Spannung entstanden. Das Kind war nicht anwesend, als das Gespräch stattfand, es war unterwegs zur Therapiestunde. Bei seinem Eintritt in den Raum sagt es: „Du böse mit Papa, wieder gut. Ich Papa sagen!" So erlebt das Kind die im Moment unausgesprochene Spannung. Es ist oft erstaunlich, wie feinfühlend behinderte Menschen in die Gefühls- und Gedankenwelt anderer sich einleben können, man kann ihnen kaum etwas verbergen. Da sie selbst meistens ohne Falsch sind, haben sie ein feines Gespür für Echtes und Unechtes. Nicht der Sinn der Sprache wird erfaßt, sondern das mitschwingende Empfinden, die Schwingung von Mensch zu Mensch, oft auch ohne Worte. Es ist oft auch herzerfrischend, wie eigene Behinderungen, Tics etc. sowie diejenigen anderer Patienten oft von ihnen treffend bezeichnet werden, mit Spitznamen oder scherzhaften Bezeichnungen. Da die Behinderten spüren, daß kein bösartiger Spott darin liegt, nehmen sie es meistens so auf, wie es vom anderen kommt, harmlos, ungezwungen. So gibt es auch weniger Mißverständnisse, da sie nichts hinter einer Maske der Verstellung verbergen müssen, wie es uns der menschliche Verkehr oft heute aufzwingt, wenn wir in der heutigen Welt anerkannt werden wollen. Sie haben allerdings auch ein sehr feines inneres Ohr dafür, wenn jemand über sie und ihre Behinderungen im schlechten Sinne spricht in der Annahme, der Behinderte verstehe das Gesagte ja doch nicht. In großer Offenheit werden auch oft Angewohnheiten des Therapeuten aufs Korn genommen mit oft erstaunlicher Treffsicherheit. So erleben die Behinderten, wie ein kleines Kind, besonders sensibel, was zwischen Menschen schwingt. Sie erfassen Spannungen und Harmonie im Miteinander und hören oft mehr hinter den Worten, als daß sie die Worte selbst in ihrem Sinn aufnehmen. Deshalb ist es besonders wichtig, daß eine für die Therapie notwendige Atmosphäre geschaffen wird, eine äußere und eine innere.

So sind es einerseits die Klänge mit ihren vielseitigen Spektren, die das therapeutische Geschehen ausmachen, andererseits die Persönlichkeit des Therapeuten, die die Schwingungen der Klänge durch Schwingungen der Ausstrahlung ergänzt. Deshalb können zwei Therapeuten genau das gleiche tun, die Wirkung wird nie die gleiche sein. Wie bei allen Berufen, die mit Lebendigem zu tun haben, muß der Musiktherapeut sein „Handwerk" gründlich lernen und seine Kenntnisse durch intensives Studium fundieren, d. h. er braucht ein gediegenes Wissen. Andererseits muß er seine Persönlichkeit immer mehr stärken und festigen, d. h. er braucht eine menschliche Reife. Erst beides zusammen ergibt ein Ganzes, eines allein genügt nicht. Das beste theoretische angelernte Wissen wirkt unlebendig, erstarrt, wenn es nicht geformt, umgeprägt wird durch intuitives Schöpfen aus einer lebendigen Quelle der eigenen Harmonie. Reines intuitives Handeln dagegen kann zur Scharlatanerie führen, wenn es nicht auch durch eine gute Schulung im Wissen um die Zusammenhänge eine Basis erhält.

So muß man als Musiktherapeut das „therapeutische Material", basierend auf dem Grundwissen um die Wirkung der musikalischen Vorgänge aufbauen, die Form der Therapie versucht man aus der Eigenart des Patienten zu entwickeln. Das Wissen sind die Bausteine, die zu verschiedenen Gebäuden zusammengefügt werden können, dem noch unbelebten „Material" wird schöpferisches Leben gegeben durch Intuition. Wie z. B. ein Arzt ein bestimmtes gleiches Medikament für eine bestimmte Krankheit verschreibt, bei verschiedenen Patienten jedoch in unterschiedlicher Dosierung.

Die Arbeit mit den Eltern

Wichtig ist es auch, daß in Elterngesprächen den Eltern geholfen wird, den richtigen Zugang zu ihrem sich öffnenden Kind zu finden. Wichtig ist, daß sie nicht zu stark auf das Kind zugehen in ihrer Freude und dadurch ein erneutes Verschließen bewirken. Auch entsteht leicht ein Gefühl der Eifersucht auf den Therapeuten, der oft durch seine Therapie den ersten Kontakt zum Kinde gewinnt. So sollte die schrittweise Loslösung von diesem mit einem ebenso behutsamen schrittweisen Aufbau der Bindung an die Eltern Hand in Hand gehen. Wenn ein Kind sich erneut verschließt, ist die Rückgewinnung eines Kontaktes viel schwerer als bei dem ersten Mal des Sichöffnens. Eine Unterforderung mit Rücksicht auf das „arme behinderte Kind" ist ein ebenso großer Fehler wie eine Überforderung durch falschen Ehrgeiz oder ein nicht Ja-Sagen-Können zur Behinderung. Das eine Extrem führt dazu, daß das Kind in ständiger Unselbständigkeit gehalten wird und sich nicht als eigene Persönlichkeit zur Selbstbehauptung entwickeln kann, da die zu starke Besorgtheit der Eltern jedes Selbstvertrauen zur Eigeninitiative unterdrückt. Die Überängstlichkeit der Eltern überträgt sich auf das Kind, das auch immer unsicherer und ängstlicher wird. So wird ein Zuviel an falsch gesehener Liebe für das Kind zur Hemmung seiner Entwicklung und Entfaltung. Das andere Extrem führt die Kinder in Ängste und Leistungsdruck und drängt sie in den Rückzug. Ihre Leistungen werden nicht gesehen und anerkannt, da der Maßstab zu hoch angesetzt wurde. So verlieren sie den Mut und bringen zuletzt gar keine Leistungen mehr. Erfolg bei Behinderten liegt meistens in ganz kleinen Schritten, die zusammen dann große Schritte ausmachen. Die Freude ist der größte Motivator, deshalb sollte jede Leistung mit Freude verbunden sein, die durch lobende Anerkennung noch verstärkt wird. Die unbeliebteste Übung kann mit Freude ausgeführt werden, wenn sie in ein Spiel umgewandelt wird oder mit einem Lied verbunden wird. Dann rückt die Leistung in den Hintergrund, die Übung wird spielend ausgeführt. So ist es auch wichtig, daß die Eltern nicht bei beginnenden Erfolgen das Kind aus Ehrgeiz von einem Therapeuten zum anderen bringen, da die Gefahr einer „Therapieüberfütterung" entsteht. Alle hinzukommenden Therapien sollten aufeinander bezogen werden, ein verantwortlicher Therapeut sollte die Fäden in der Hand behalten, um eine Zersplitterung und ein Gegeneinander zu vermeiden. Jede neue Bindung sollte sorgfältig aufgebaut werden im Miteinander. Auch müssen die Therapiearten gut ineinander greifen, jeder Therapeut sollte die anderen Therapien kennen und sich mit ihnen befassen. Die Aufgabengebiete müssen gut gegeneinander abgegrenzt werden. Ich habe es z. B. wiederholt erlebt, daß Kinder, bei denen die Sprachanbahnung über die Musiktherapie erfolgte, aufhörten zu sprechen, als andere Therapeuten auch mit Sprachübungen begannen, die jedoch auf einer ganz anderen Grundlage basierten. Jede neue Bindung bedeutet eine Erweiterung des Umweltradius, so ist es gut, wenn sie ganz allmählich alte Bindungen ablöst. Die Gruppensituation ist dazu eine wertvolle Hilfe, da Patienten untereinander sich oft näher stehen und leichter Wege zueinander finden.

Zusammenarbeit aller Beziehungspersonen
Der Patient als Therapeut

So werden die Eltern zu Ko-Therapeuten im Alltag des behinderten Kindes, auch die Erzieher und Lehrer sollten es sein. In Heimen und Kliniken sind es Erzieher und Schwestern, die alle über die therapeutische Arbeit informiert sein sollten. So sollte auch der behandelnde Arzt ständig mit den Therapeuten in Kontakt sein und selbst über die Therapien Bescheid wissen. Erst eine Zusammenarbeit aller, die mit dem Patienten zu tun haben, kann eine maximale Förderung ergeben. Wie oft entsteht ein Gegeneinander statt eines Miteinanders, was sich belastend auf die Entwicklung des Patienten auswirkt. Zuletzt soll ja erreicht werden, daß der Patient selbst an seinem Gesundungsweg aktiv mitarbeitet, bis er der Führung durch andere immer weniger bedarf. So kann jeder einzelne das Empfangene weitertragen in die Außenwelt. Wie tragisch ist es, wenn gerade diese dagegen die Behinderten oft nicht bejahend aufnimmt, sie als zwecklose Fälle ablehnt, sie sogar zurückstößt. Gerade autistische Kinder werden oft nach anfänglichen vergeblichen Kontaktversuchen zurückgestoßen, weil man ihnen nicht immer äußerlich ihre Behinderung ansieht. Es sind oft sogar besonders hübsche, äußerlich ansprechende Kinder, auf die jeder zuerst sofort zugeht. Wenn dann kein Echo erfolgt, läßt man sie fallen. Das führt dann immer wieder zu neuen Ängsten und damit zu neuen Verkapselungen. Falsches Mitleid und Ablehnung schaffen oft eine dichte Mauer. Doch kann der Behinderte in seinem Rahmen oft sehr bereichernd auf den Helfer oder auf seine Umwelt wirken, wenn er sich in seiner Eigenart geachtet weiß. Kann man ihm das Gefühl seiner Unersetzbarkeit an seinem Platz vermitteln, so gibt man ihm Sicherheit und Selbstbewußtsein, was die Leistungen wiederum steigert. Beim autistischen Patienten ist besonders zu beachten, daß er oft sein Können und Wissen absichtlich verheimlicht. Autistische Patienten speichern oft während der Zeit ihrer Abkapselung Eindrücke, sogar einen Wortschatz, über den sie dann nach ihrer Lösung aus ihrer Isolation oft in erstaunlichem Maße verfügen. Doch es gibt auch Patienten, deren „Glasglocke" zuerst nicht einmal ein Speichern von Eindrücken zuläßt. Zuletzt wird der Patient sein eigener Therapeut, wenn er der Hilfe immer weniger bedarf.

Musiktherapie — ein Spiegel der Zeiten und der Volksmentalität

Mehr in die introvertierende Richtung, wie schon erwähnt, gehen obertonarme und mehr untertonreichere Instrumente. Diese finden wir mehr in anderen Ländern und bei den historischen Instrumenten. So, wie jede Zeit und jedes Volk sich sein Instrumentarium schafft aus seinem Ausdrucksbedürfnis, so hatte z. B. das Mittelalter mit seiner Tendenz zur verinnerlichten Mystik mehr das Bestreben, das Musikalische auch zum Ausdruck dieses Erlebens werden zu lassen. Auch die Entwicklung der Völker ging verschiedene Wege, was sich in ihrem Instrumentarium und in ihrer Musik spiegelt. Die arabische Musik weist heute noch 89 verschiedene Töne auf, deren Differenzierungen wir z. T. gar nicht empfinden können, da wir in unser Zwölftonsystem eingeengt sind. Auch das Hören wandelt sich mit den Zeiten und mit der Entwicklung des Menschen, was einst als Dissonanz empfunden wurde, erleben wir heute als Konsonanz etc. Unsere heutige Zeit und Ausrichtung in unserem Land mit ihrem starken Expansionsdrang sucht neue Wege in der Musik, die in den Instrumenten und den Kompositionen ihren Niederschlag finden. Es leuchtet sicher ein, daß nicht in jedem Volk die Wege der Musiktherapie gleich sein können. Wohl können sich die Völker gegenseitig anregen und befruchten, jedoch lassen sich die Therapieformen nicht ohne weiteres auf ein anderes Volk übertragen, denn jedes Volk lebt ja aus einer anderen Mentalität heraus, die andere Ausdrucksmittel braucht. So muß auch die Musiktherapie in den verschiedenen Völkern verschiedene Wege gehen. Bei Tagungen und Kongressen müßte mehr ein gegenseitiges Kennenlernen und Austauschen angestrebt werden, nicht eine Ausarbeitung von allgemein gültigen feststehenden Methoden. Es wird wohl nie eine Musiktherapie geben können, die überall gültig ist, sie ist so lebendig wie die Musik selbst, wie das Leben der Völker. Da jedoch viele Behinderte wie aus einer anderen Zeit oder wie aus einem anderen Volk kommend wirken, so finden bei uns alte Instrumente und alte Musik häufig Anwendung, auch Instrumente und Musik anderer Völker, wie ich schon schilderte, je nachdem sie dem Bedürfnis der Patienten angepaßt sind. Die Pentatonik entspricht z. B. auch mit ihrer unendlichen Melodie, ihrer Unbegrenztheit dem Bedürfnis eines kleinen Kindes nach äußerer und innerer Ausweitung, da das kleine Kind in seinem Expansionsdrang feste Einengung sprengen möchte. Diese Pentatonik wirkt oft auch „ausweitend" auf Behinderte, die sich in einer „physischen Enge" (Krampf) oder einer „psychischen Enge" (Ängste, Phobien, Zwänge) befinden. Eine dorische Skala z. B. ist die einzige Skala, die sich in sich spiegelt. Wird sie auf einem Instrument gespielt, bei dem Ober- und Untertonreihe ebenfalls sich die Waage halten, so teilt sich die in sich geschlossene Harmonie dem Patienten mit. So entsteht das Zusammenwirken von Instrument und Musik, das in sich eine Einheit wird, wie der Mensch eine ist oder sein sollte. Auch der Mensch ist ja ein Instrument, auf dem verschiedene Musik erklingen kann.

6. Teil: Neue Wege in Randgebieten

Vorbeugende Musiktherapie

In Kindergarten und in der Schule sollte eine „vorbeugende Musiktherapie" den Kindern angeboten werden. Leider wird die Musikerziehung mit den anderen künstlerischen Gebieten in Kindergarten und Schule immer mehr in den Hintergrund gedrängt durch die intellektuellen Leistungsfächer. Dabei wird nicht beachtet, daß gerade die Beschäftigung mit Musik, die musikalische Schulung, eine Denkschulung und Konzentrationsschulung sowie eine Entwicklungshilfe für das Sozialverhalten darstellt, die sich auch auf die Lernfächer befruchtend auswirkt.

Die Schüler, die eine intensive musikalische Schulung erhalten haben, in deren Familie musiziert wird, die mit Musik aufwachsen, haben ein gutes Fundament für das Gemeinschaftsverhalten in Kindergarten und Schule durch das Hören auf den anderen sowie eine gute Basis für konzentriertes Arbeiten, logisches Denken und Überschauen von Zusammenhängen durch die Beweglichkeit, die die Vielfalt der musikalischen Vorgänge erfordert. Die Griechen, die Musik und Sport bewußt an die Spitze aller Schulungsfächer setzten, wußten, daß sie damit eine Wurzel pflanzten, aus der vielfältige Blüten und Früchte auf allen anderen Gebieten wachsen würden. So können wir es in allen Zeitepochen gespiegelt sehen, daß eine Hochblüte des künstlerischen Lebens auch auf die geistige Entwicklung befruchtend, belebend und hebend sich auswirkte. Verfall und Dekadenz brachten dann Prozesse des Abbaus in Gang, aus denen sich keimhaft neue Prozesse des Aufbaus entwickelten.

Wenn wir unsere Kinder wieder mit Inhalten füllen, die Körper, Seele und Geist ansprechen und „ernähren", so werden wir aus der Sackgasse der Lernbehinderungen und Verhaltensstörungen, die heute immer mehr zunehmen durch „seelisch-geistige

Ernährungsmängel", einen Weg bahnen zum gesunden Menschen, gesund im Sinne von einheitlich. Das Übergewicht das heute dem intellektuellen Lernbereich zugewogen wird, schafft ein Vakuum z. B. im Gefühlsbereich, so erzieht man computerartige Denkmaschinen, die an Unterernährung in anderen verkümmerten Bereichen leiden. Die Kinder werden oft schon in der Schule für ein späteres Spezialistentum programmiert. Sie können dann nicht mehr beweglich Zusammenhänge in anderen Bereichen erfassen, sich aus dem Klischeedenken befreien und aus der Enge in die Weite wirklicher „Bildung" dringen.

Sie sind ein Rad einer Maschinerie geworden. Das wirkt sich auf das Zusammenleben der Menschen aus durch Gefühlsarmut, sie werden immer isolierter, entfremdeter, verständnisloser, gleichgültiger, blinder und tauber für den anderen. So steigert sich die innere Not und Ausweglosigkeit in Kettenprozessen bis zur krankhaften Zerrissenheit, die immer häufiger im Selbstmord endet. Psychologen, Psychiater, Psychotherapeuten können die Flut der heilungssuchenden Menschen nicht mehr aufhalten. So züchtet sich unsere Zeit durch einseitige Verlagerung der Lernprozesse auf Kosten der Bildungsprozesse erst behinderte Menschen heran, um dann diese durch Fehlentwicklung entstandenen Störungen wieder rückgängig zu machen durch verschiedenste Behandlungen. Ist dieses Paradoxon nicht schon krankhaft? Der Hunger nach inneren Werten, nach Weite, nach Ausgleich findet Niederschlag im ständig steigenden Alkohol-, Nikotin- und Drogenkonsum sowie im Tablettenmißbrauch. Ein Mensch mit einer angeborenen Behinderung z. B. ein Spastiker, ein Mongoloider, der vielleicht einen sehr niedrigen IQ hat, kann oft durch einen großen Gefühlsreichtum und intuitive Äußerungen seine Umwelt sehr bereichern, sein Empfinden kann „gesund" sein, gesünder vielleicht als das mancher Menschen, die nicht als behindert gelten. Wir sollten den Blick immer mehr dafür öffnen, daß Behinderungen immer dort entstehen, wo ein Vakuum sich bildet, wobei die Ursache den Bereich bedingt. Eine vorbeugende Musiktherapie könnte als

Ganzheitstherapie die Ver-rücktheit und Zerrissenheit vieler Menschen im Entstehen an der Wurzel fassen und nicht erst später an den Symtomen. So würden wir schon beim Kind den Keim legen für eine gesunde Entwicklung in allen Bereichen, für die Einheit dieser Bereiche im Zusammenwirken, statt im Auseinanderwirken, so würde nicht nur der einzelne Mensch, sondern die Menschengeminschaft aller gesunden.

Musiktherapie als Rehabilitationsweg

Die Arbeit in einer Strafanstalt

Als ich während der Zeit meiner musiktherapeutischen Arbeit in einer Strafanstalt einen Film über die Musiktherapie mit Behinderten zeigte, sagte ein „Lebenslänglicher": „Das sind Ausgestoßene und wir sind Ausgestoßene, nur die sind es ohne eigene Schuld. Könnten wir unsere Kräfte in solch eine Arbeit geben, so könnte das Rehabilitation für beide bedeuten, die Strafgefangenen würden durch die Behinderten einen neuen Sinn ihres bisher sinnlos erscheinenden Daseins erhalten, die Behinderten könnten mehr Hilfen erhalten als bisher durch den Mangel an Hilfskräften." Es gibt schon Bestrebungen in verschiedenen Ländern, daß Strafgefangene und auch Suchtgefährdete durch soziale Aufgaben ihrem Leben eine neue Zielrichtung geben, einen Inhalt, der das Vakuum füllt, das sie in die Straftat oder in die Sucht trieb. So könnten „Ausgestoßene", ganz gleich welcher Ursache, gegenseitig im Miteinander den Weg zur Gemeinschaft finden. Aus vielen Gesprächen mit Strafgefangenen und Süchtigen habe ich herauslesen können, wie stark der Impuls zu neuem, sinnvollen Beginnen sich während des Haft- bzw. Klinikaufenthaltes entwickelt hat. Da dieser Impuls jedoch keine Nahrung erhält, verkümmert er wieder, da die innere Festigkeit dieser Menschen nicht ausreicht, die Impulse ohne Hilfe in die Tat umzusetzen, d. h. sich Halt in der Haltlosigkeit zu schaffen. So sinken sie zurück in neue Straftaten oder neue

Süchte, besonders durch die Ablehnung, die sie nach ihrer Entlassung erfahren.

Sehr wichtig ist die Nachbehandlung bei Straffälligen und Süchtigen, damit diese nicht rückfällig werden. Die Gemeinschaft gibt ihnen weiterhin Ichstärkung und Halt bei den Problemen im Alltag.

Ein sehr interessantes Gebiet der Musiktherapie ist die Arbeit in einer Strafanstalt. Gemeinsames Erleben von gehörter Musik schafft eine Atmosphäre der Entspannung, der Bereitschaft, den anderen zu akzeptieren. Gemeinsames Improvisieren und Musizieren führen zur Kontaktbereitschaft und bauen durch das Hinhören auf den anderen eine soziale Dynamik, eine Gemeinschaft auf. In gemeinsamem Gespräch können dann Konfliktsituationen und unverarbeitete Probleme lösend angegangen werden. Diese finden auch ein Ventil der Verarbeitung im Rollenspiel und in der Pantomime. Durch die objektivierte Gestaltung der Probleme wird Abstand gewonnen und sie können neutralisiert werden. Dadurch verlieren sie ihre bedrängende Gestalt und Ängste und daraus resultierende Aggressionen werden abgebaut. Selbstbewußtsein und innere Festigkeit und Sicherheit sowie Sozialbewußtsein können sich entwickeln. So wird diese Art von Therapie fast immer eine Gruppentherapie sein, da hier die Gemeinschaft ein besonders wesentliches Element der Rehabilitation bedeutet.

Die Arbeit mit Suchtgefährdeten

Ähnlich ist der Therapieaufbau bei Suchtgefährdeten. Diese brauchen eine tragende Gemeinschaft, die ihnen inneren Halt gibt, so daß sie erneuten Anforderungen gefestigt gegenübertreten können und nicht rückfällig werden. In Zagreb z. B. wird in der Nachbehandlung von Alkoholikern der Musiktherapie eine breite Basis eingeräumt. So bleiben die Patienten in ständiger Verbindung mit ihrer während des Klinikaufenthaltes entstandenen Gemeinschaft und schaffen sich Kraftreserven für die Anforderungen der Umwelt. Musikhören, gemeinsames Singen und Musizieren, Improvisation, Rollenspiel und Musiktheater schaffen das Gemeinschaftserlebnis, das dann in gemeinsamem Gespräch über persönliche Probleme Hilfen für jeden schaffen kann.

Dieses Teilgebiet der Musiktherapie, die musikalische Psychotherapie, findet auch Anwendung bei Patientengruppen von Psychotikern und Neurotikern, jedoch bei diesen Patienten geht oft eine gezielte spezielle Einzeltherapie voraus, um sie für eine Gruppensituation vorzubereiten. Angestrebt wird bei dieser Art Musiktherapie, daß über die zuerst nonverbale Kommunikation eine spätere verbale erreicht wird, eine Gesprächstherapie. So ist hier eine enge Verbindung zwischen Musiktherapie und Psychotherapie gegeben, und damit ein gemeinsames Tätigkeitsfeld in Zusammenarbeit eines Musiktherapeuten und eines Psychotherapeuten.

7. Teil: Der Behinderte als Teil des Ganzen

Der Behinderte und die Umwelt

Das Recht auf Bildung

Viele Behinderte werden nicht rechtzeitig erfaßt und behandelt, weil Fehldiagnosen ihnen den richtigen Therapieweg versperren oder weil negative Prognosen die Eltern entmutigen, wie z. B. „das Kind wird nie sprechen lernen", „das Kind ist nicht förderungsfähig", „das Kind wird nie schulfähig werden" etc.

Viel vermeidbares Leid wird da geschaffen. Die Belastungen der Eltern werden dadurch unnötigerweise verstärkt, weil ein Vakuum geschaffen wird, das nicht durch innere Beteiligung und Hilfsbereitschaft des Urteilenden ausgeglichen wird. Sie werden mit der Leere allein gelassen, die nicht von demjenigen, der sie schuf, gefüllt wird mit aufbauenden, anspornenden Inhalten. Jedoch ist sicher die Therapie selbst die beste Prognose, denn erst im Laufe der Therapie kann sich der Vorhang des Krankheitsbildes öffnen und den Blick auf die Persönlichkeit freigeben. Schlummernde Fähigkeiten werden geweckt, die am Anfang nicht sichtbar sein konnten, da die Behinderung diese blockierte, überdeckte. Ob diese Fähigkeiten nun auf dem Gebiet der praktischen Arbeit, des künstlerischen Gestaltens oder der theoretischen Lernprozesse liegen, sollte nicht unterschiedlich bewertet werden. Die schon beim gesunden Kind heute so starke Überbewertung intellektueller Leistungen stempelt das behinderte Kind mit Begabungen in anderen Bereichen zum bildungsunfähigen Fall. So, wie gesunde Kinder zum Schulbesuch verpflichtet werden, manchmal sogar unter Strafandrohung, ist das behinderte Kind zum Schulbesuch berechtigt, es hat das gleiche Recht auf Förderung und Bildung. Ist es zu einem Schulbesuch nicht fähig, so bilden therapeutische Maßnahmen ein Äquivalent dafür.

Da es aber leider immer noch zu wenig Einrichtungen für die
Fülle der Behinderten gibt, so sind sie oft auf private Therapiemöglichkeiten
angewiesen, was oft eine kaum zumutbare Belastung
für die Eltern bedeutet. Sind die Behinderten erst erwachsen,
ist eine Hilfe erschwert, da sie nicht mehr die gleichen
Möglichkeiten der Formung geben wie ein Kind, bei dem der
Fluß der Entwicklung noch nicht zu festen Formen erstarrt ist.
So bleibt vielen ungeförderten Behinderten oft nur der Weg in
eine Anstalt, während sie sonst in Werkstätten etc. einen Platz
als nützliches Glied in der Gesellschaft hätten ausfüllen können.
Ich bekomme sie leider oft erst, nachdem viel versäumt wurde.
Doch ist es je zu spät? Mimi Scheiblauer, die zu denjenigen in
den Pflegeanstalten ging, die niemand für aufnahmefähig für
Erlebnisse hielt, betonte immer wieder, daß jeder Mensch erreichbar
ist, wenn der Glaube an sein Menschsein und die Liebe
zu ihm eine Brücke bauen. Diese Musikpädagogin und Therapeutin
hat mit großer Geduld und Liebe mit einfachsten musikalischen
Mitteln den Weg zu unzähligen Patienten gebahnt.

Ein Weg zum Verständnis für Behinderte

Eine ganz neue, positive Einstellung zu den Behinderten könnte
sich daraus ergeben, wenn alle Nichtbehinderten bedenken würden,
daß sie durch Unfälle, Schockerlebnisse, als Folgeerscheinung
von Krankheiten, Infekten, durch mißglückte operative
Eingriffe u. a. selbst zu Behinderten werden können. Fast jede
Behinderungsart kann jeden Menschen treffen durch besondere
Umstände. Ebenso kann ja in jede Familie plötzlich ein behindertes
Kind hineingeboren werden, bedingt durch vorgeburtliche
Schäden, Schäden während oder nach der Geburt. Das
Schicksal der Behinderten selbst und das ihrer Eltern würde viel
mehr Bereitschaft zum Verstehen auslösen, wenn das potentielle
gleiche eigene Schicksal bedacht würde. Wieviel vermeidbares
Leid entsteht durch das Ghettodasein, das die Eltern und die
behinderten Kinder häufig durch Ablehnung und Unverständnis
der Umwelt erleben müssen.

Das Schicksal des Behinderten von der "Außenwelt" betrachtet

Es ist oft erschütternd zu erleben, wie wenig die Außenwelt diese Menschen bejahend aufnimmt, sie oft als "zwecklose Fälle" und als "bildungsunfähig" ablehnt. Wie oft begegnet es Eltern behinderter Kinder, daß diese entweder mit falschem Mitleid angestarrt werden oder als unzumutbar und untragbar bezeichnet werden. Man hört oft sehr herzlose und taktlose Aussprüche, die die Eltern und die Behinderten sehr treffen, denn, wenn auch manche Behinderten die Worte nicht genau in ihrem Sinn erfassen können, so empfinden sie doch sehr sensibel, wer sie ablehnt. Es müßte da auf breitester Basis Aufklärungsarbeit geleistet werden darüber, daß der Behinderte weder bedauert werden sollte, noch aus der Gesellschaft herausfallen dürfte, sondern in seinem Menschsein geachtet werden muß.

Die Berichte im 8. und 9. Teil wurden z. T. schon längere Zeit vor Herausgabe dieses Buches geschrieben.

8. Teil: Das Schicksal der Eltern Behinderter

Elternberichte

Carsten

Mein Junge ist jetzt 11 Jahre alt. Als er 3½ Jahre alt war, fiel er mit dem Kopf auf eine vorstehende Schrankkante und verletzte sein Gehirn. Seitdem verlor er sein Sprachvermögen, schloß sich von der Umwelt ab und seine Entwicklung verlief ständig rückläufig. Die Lust am Spielen ging völlig verloren, dafür bildete sich eine Art Lust am Zerstören heraus. Jeden Versuch, ihn zum Spielen zu bewegen oder Kontakt zu ihm zu bekommen, beantwortete er mit Toben und Aggressionen. Seine Umwelt beachtete er kaum, zumindest fügte er sich in keiner Weise ein, auf Sprache wurde wenig reagiert. Niemand wollte oder konnte uns helfen. Im Krankenhaus wurde uns mitgeteilt, daß es sich um autistische Zustände handele, nur noch ein Wunder könne hier helfen.

Carsten kam dann in einen Behinderten-Kindergarten. Hier erhielt ich während einer Elternversammlung die Adresse des Institutes für Musiktherapie.

Carsten reagierte auf die musiktherapeutische Behandlung positiv. Er konnte nach einiger Zeit einzeltherapeutischer Behandlung in eine Gruppentherapie aufgenommen werden, um zu lernen, in einer Gemeinschaft zu sein. Sein ganzes Wesen wurde ruhiger, er hatte es jetzt offensichtlich leichter, sich einer Kindergruppe anzuschließen und in dieser auch längere Zeit mitzumachen. Carsten bringt heute für viele Dinge mehr Verständnis auf, es ist auch einfacher, mit ihm in Kontakt zu kommen, auch beginnt er selbst, Kontakt zu anderen Kindern aufzunehmen. Er reagiert auf Aufforderungen und kennt viele Gegenstände und Menschen wieder. Er beginnt nachzuahmen und vieles aus seiner Umwelt zu begreifen.

Carsten kann jetzt schon selbst mit einfachen Instrumenten spielen, er bildet dazu eigene Töne. Er beginnt Worte und kurze Sätze zu sprechen. Carsten sucht jetzt Kontakt und liebevolle Zuwendung. Im Elternseminar habe ich Hilfen zu eigener Arbeit mit ihm erhalten. Carsten ist jetzt in einer Sammelklasse.

Detlef (19 Jahre)

Als ich mein erstes Kind erwartete, war ich voller Freude, es war ein Wunschkind. Mein Sohn kam dann auch gesund zur Welt. Mit $1^1/_4$ Jahren bekam er dann die Pockenschutzimpfung und dadurch entstand ein Impfschaden durch eine Gehirnentzündung. Seither haben wir ein großes Sorgenkind.

Einige Male mußten wir den Jungen mit Krämpfen in die Klinik bringen. Seine Entwicklung ging nur langsam vonstatten.

Detlef war voller Unruhe, man konnte nicht viel mit ihm anfangen. Ständig war er in Bewegung, er konnte nie richtig spielen und sich konzentrieren, und jeder noch so kleine Erfolg war schön. Aber wer kann ermessen, wieviel Tränen und Kraft alles gekostet hat. Die Nervenkraft, die ich aufbringen mußte und auch heute noch aufbringen muß, ist nicht zu beschreiben.

Detlef galt als schwierig, als nicht fähig, in einer Gemeinschaft zu sein. Denn er reagierte nicht auf Aufforderungen und tobte oft schreiend umher oder zerstörte alles, was er in die Hände bekam oder warf es umher. Auch biß er sich selbst die Hände wund und biß und schlug nach mir und anderen. Andererseits war er sehr liebebedürftig und kann jetzt auch sehr liebevoll sein.

Mit sechs Jahren konnte er nach vielen Schwierigkeiten, da ihn keine Schule aufnehmen wollte, eine Privatsonderschule stundenweise besuchen, wo ich ihn täglich hinbringen und auch wieder abholen mußte. Mit Mühe und Not konnte er bis zum 14. Lebensjahr diese Schule besuchen. Seit 1970 ist Detlef in musiktherapeutischer Behandlung, auf die er äußerst gut anspricht. Er versteht jetzt alles und tut schon vieles, was man ihm sagt. Er kann schon einiges helfen und wird immer selbständiger und sorgsamer. Ich kann ihn auch schon überall mitnehmen.

Er ist in der Sprache sehr gut geworden und spricht auch selbständig. Auch seine Unruhe und fehlende Konzentration haben sich sehr gebessert und ausgeglichen. Er hat lesen und schreiben gelernt und spielt nach farbigen Noten auf Musikinstrumenten.

Er ist im allgemeinen viel gelöster, also nicht mehr so verkrampft wie früher. Jedenfalls hat sich diese Behandlung sehr positiv heilend auf den Jungen ausgewirkt. Er konnte in ein Jugendwerkheim aufgenommen werden. Seitdem er außer der Einzeltherapie noch Gruppentherapie erhält, kommt er auch gut mit anderen Kindern aus. Wir freuen uns immer wieder über seine weiteren Fortschritte.

Petra (14 Jahre)

Als Mutter eines 1962 geborenen spastisch gelähmten Mädchens möchte ich den bisherigen Lebenslauf meines Kindes und die Problematik, wie sie sich für uns Eltern darstellt, schildern:

Die Behinderung meines Kindes ist die Folgeerscheinung eines zu lange in der Geburt Stehens sowie der Rhesusunverträglichkeit der Eltern. Der rechtzeitige Blutaustausch wurde nach der Geburt versäumt, obwohl die Rhesusunverträglichkeit der Entbindungsklinik bekannt war (mir damals leider nicht!).

Bei der Entlassung aus der Klinik gab man mir als Rat mit auf den Weg, mich mit der Kleinen sofort in kinderärztliche Behandlung zu begeben. Ich glaubte, weil mein Kind ein sogenanntes Spuckkind war — die Klinik hatte mich über alles im Unklaren gelassen.

Als meine Tochter sich mit einem ³/₄ Jahr noch nicht aufrichten konnte und mehr oder weniger teilnahmslos in ihrem Bettchen lag, wurde auf Veranlassung der Kinderärztin ein EEG geschrieben. Man gab mir den Rat, eine Krankengymnastin nach Bobath zu suchen, die mein Kind beturnen sollte, da es sich um eine motorische Schädigung handeln würde, was aber nicht bedeutet, daß sie nicht alles erlernen würde. Es würde nur alles langsamer vorangehen. Auch zu diesem Zeitpunkt hat man mich nicht klar über das Ausmaß der Schädigung unterrichtet. Es war sehr schwer, eine Krankengymnastin nach Bobath zu finden. Es gelang mir jedoch, schon 4 Monate später einen Platz zu erhalten. Wir, d. h. meine Mutter, fuhren dann 2mal wöchentlich mit Petra zur Krankengymnastik.

Mit 2½ Jahren konnte Petra im Spreizsitz sitzen, sie hatte jedoch nach wie vor wenig Interesse an ihrer Umwelt. Leider konnte Petra nach wie vor nicht greifen und Gegenstände festhalten. Sie konnte den Kopf nicht aufrecht halten. Zu dieser Zeit hatte Petra einen sehr schweren Krampf, es sah sehr ernst aus. Ganz sicher sind hierbei weitere Gehirnzellen abgestorben. Sie erholte sich nur langsam wieder.

Als Petra etwas über 3 Jahre alt war, hat sie ein Zentrum für Spastiker probeweise für 3 Monate aufgenommen. Obwohl Petra in dieser Zeit oft krank war (Infektionen; sie war es nicht gewöhnt, mit anderen Kindern zusammen zu sein) und es sich dadurch nur um Wochen der Probe gehandelt hat, fällten die Ärztin und die Psychologin (die kurze Zeit später entlassen wurde) das Urteil, daß das Kind nicht bildungs- und förderungsfähig wäre. Man wäre bereit, mir bei der Suche eines Heimplatzes behilflich zu sein, mehr jedoch könne man nicht für mich tun. Eine Heimunterbringung kam für mich nicht in Frage. Zu meinem großen Glück hatte ich meine Mutter, die sich nach wie vor voll und ganz Petra widmete und mit ihr zum Turnen fuhr, denn ich mußte — der Vater von P. hatte sich bald nach der Geburt des Kindes seinetwegen von uns getrennt — unseren Lebensunterhalt verdienen.

Kurze Zeit später fand ich endlich einen Arzt (Chefarzt einer Berliner Kinderklinik), der in meinem Kind nicht den zwecklosen Fall sah und seinen ganzen Einsatz gab, uns zu helfen.

Inzwischen war es meiner Mutter unmöglich geworden, mit dem Bus zur Krankengymnastik zu fahren, denn es wurden auf der Strecke Kleinbusse eingesetzt, die sie nicht mehr mit dem Kinderwagen mitnahmen. Glücklicherweise, erklärte sich dieser Arzt sofort bereit, Petra in seiner Klinik weiter nach Bobath beturnen zu lassen.

Jahre später erfuhr ich von der Mutter eines ebenfalls behinderten Kindes von der Möglichkeit der Musiktherapie. So bekam das Kind mit 8 Jahren seine erste Musiktherapie. In mühevoller Kleinarbeit lernte es, frei zu sitzen, sich aufzurichten, zu stehen, mit Hilfestellung zu laufen sowie Gegenstände zu greifen und zu bewegen. Seine Sinne begannen zu erwachen, es erkannte Menschen und Gegenstände wieder, öffnete sich den Eindrücken aus der Umwelt und Petra zeigte deutlich Reaktionen auf diese.

Sie beginnt jetzt, mit Hilfe der Therapeutin eigene Aktivität zu entwickeln und auch auf Sprache zu reagieren. Bei den Instrumenten gibt sie eigene Laute von sich. Sie kann jetzt lachen und Freude zeigen, aber auch Kummer. So habe ich die Hoffnung, daß mein Kind später seinen Platz im Leben finden wird.

Es wurde vor vier Jahren erneut in die Institution für Spastiker aufgenommen und die Ärztin mußte inzwischen ihr vor Jahren abgegebenes Urteil (das auch auf den Behörden aktenkundig ist) revidieren, denn Petra hat seit dem 3. Lebensjahr vieles dazugelernt. Aber auch heute vertritt die Ärztin wieder die Meinung, daß Petra nicht weiter förderungsfähig ist und hat (seit 4 Jahren ist das Kind in dieser Einrichtung) ohne mein Wissen die knapp ein Jahr lang angewandten Therapien (Krankengymnastik, Beschäftigungstherapie) einfach abgesetzt. Erst kürzlich wurde meine schon lange Zeit gehegte Befürchtung bestätigt und ich habe mir sofort einen Krankengymnasten gesucht, der mein Kind zweimal wöchentlich beturnt. Ich behalte es an den zwei Tagen ganz zu Hause.

Ich habe noch einmal geheiratet und mein Mann nimmt Petra wie sein eigenes Kind voll an. Wir haben jetzt ein zweites gesundes Kind und hoffen, daß Petra durch dieses in der Entwicklung Ansporn erhält.

Eine große Hilfe war für uns Eltern das Eltern-Schulungsseminar am Institut für Musiktherapie, das uns half, unser Schicksal zu erkennen und damit fertig zu werden sowie die Therapie aktiv zu unterstützen. Die Aussprachemöglichkeit und das Musizieren bedeuten eine Selbsttherapie und Kraftquelle. Wir lernten, die Ursachen der Behinderung zu begreifen und dadurch ihren Folgen zu begegnen, sowie die Therapieübungen selbst durchzuführen. Eine Therapie kann nur erfolgreich sein, wenn der Ausführende überzeugt davon ist, daß diese erfolgreich sein muß. Eine negative Einstellung zum Kind nimmt jeder Therapie von vornherein die Möglichkeit, sich auszuwirken.

Manfred (27 Jahre)

Unser Sohn, Jahrgang 1950, hat sich in den ersten drei Lebensjahren normal entwickelt. Danach war ein sich vergrößernder

Entwicklungsrückstand gegenüber Kindern seines Alters festzustellen. Der Versuch einer Schulausbildung mußte nach kurzer Zeit abgebrochen werden.

Zu dieser Zeit war der Junge scheu und zurückhaltend, unkonzentriert und ohne die Aktivität, die für Kinder seiner Altersstufe bezeichnend war, antriebslos.

In den folgenden Jahren besuchte er das „Heilpädagogische Therapeutikum", wo mit den in kleinen Gruppen zusammengefaßten behinderten Kindern u. a. „Musiktherapie" betrieben wurde. Hier zeigte sich, daß die Beschäftigung mit der Musik und die damit verbundene notwendige Handhabung von Musikinstrumenten für unseren Sohn das beste und wahrscheinlich einzige Mittel waren, eine Weiterentwicklung und Änderung seines Verhaltens zu fördern. Wegen des unterschiedlichen Grades der Behinderung und der Neigungen anderer Betreuter waren die musiktherapeutischen Maßnahmen nur in bestimmtem Rahmen durchführbar.

Durch die Behindertenfürsorge des Bezirksamtes wurden wir mit der Musiktherapie des Instituts für Musiktherapie bekannt, wo durch intensivere und auch individuell angewandte Behandlung bei unserem Sohn im Laufe der Jahre wesentlich zu seiner Weiterentwicklung beigetragen hat. Statt seinerzeitiger Teilnahmslosigkeit ist eine ausgesprochen rege Aufmerksamkeit und ein lebhaftes Interesse zu beobachten, das er jetzt an Ereignissen und Begegnungen jeder Art nimmt. Dabeizusein und mitzumachen im Kreise anderer ist für unseren Sohn heute selbstverständlich.

Dieser Erfolg ist zweifellos überwiegend auf die vom Institut für Musiktherapie eingerichtete Musik-Gruppentherapie zurückzuführen, in der Kontaktanbahnung durch die Musik gefördert wurde.

Ebenso erfolgreich war die individuelle Musiktherapie, durch die es gelungen ist, die Neigungen unseres Sohnes, seine Konzentrationsfähigkeit und Ausdauer zu fördern. Die hier erworbenen Fähigkeiten haben sein Selbstbewußtsein so weit gestärkt, daß er sich heute auch auf anderen Gebieten als der Musik selbständig betätigt. Er hat eine deutliche Sprache gewonnen, versteht alles und kann sinnvoll antworten oder selbständig eigenes äußern. Das starke Zittern seiner Gliedmaßen hat sich durch Atemübungen und musiktherapeutische Übungen sehr gebessert, es tritt nur noch auf, wenn der Junge aufgeregt ist. Der Junge spielt jetzt selbst ein Instrument, Gitarre, nach Gehör und nach Noten. Er hat über das Notenlesen den Zugang auch zu den Buchstaben gewonnen und kann jetzt lesen. Er spielt in Musikgruppen mit. So eröffnete sich für unseren Jungen durch die Musiktherapie die Umwelt. Er konnte viele Jahre in einem Jugendwerkheim verschiedene Arbeitsvorgänge kennenlernen und erarbeiten und ist jetzt in den „Mosaik"-Werkstätten, einer Arbeitseinrichtung für behinderte Jugendliche. Wir haben viel Freude an seinen Fortschritten.

Elisabeth (11 Jahre)

Als wir in den ersten Lebensjahren unserer Tochter Elisabeth begannen, uns mit ihrer Behinderung auseinanderzusetzen und zuerst ratlos und oft mutlos versuchten, Hilfe für unsere Tochter zu finden, war es ein segensreicher Zufall, daß wir bei einer Veranstaltung einen Bericht über Musiktherapie hörten. So hatte unsere Elisabeth schon im Alter von knapp fünf Jahren das Glück, neben anderen heilpädagogischen Maßnahmen wöchentlich zuerst eine, bald darauf zwei Stunden Musiktherapie im Institut für Musiktherapie zu haben. Elisabeth galt als nicht förderungsfähig, sie sollte laut psychologischer Prognose nie sprechen lernen und nicht schulfähig werden. Das Kind reagierte auf Anforderungen durch die Umwelt meistens mit Schreien und Toben, sonst zeigte sie kaum Reaktionen. Verständnis für die Umwelt oder für Sprache war kaum vorhanden.

Seitdem konnten wir mit Freude die allgemeinen und besonderen Fortschritte unserer Tochter beobachten und sind überzeugt, daß dabei der Musiktherapie ein wesentlicher Anteil zukommt. Dies gilt im besonderen Maße für die Sprachanbahnung, die sich bei Elisabeth anfangs sehr mühsam gestaltete, ebenso auch für die allgemeine Disziplinierung des Kindes mit Hilfe der Musik und der energischen Einsatzbereitschaft der Musiktherapeutin, die nicht davor zurückschreckte, Elisabeth ein paar Tage bei sich zu behalten.

Elisabeth versteht jetzt ihre Umwelt und reagiert auf Sprache, sie spricht selbst spontan und als Antwort auf Fragen. Sie kann konzentriert arbeiten und hat es gelernt, sinnvoll zu spielen. Zu anderen Kindern hat sie jetzt guten Kontakt und hilft schwächeren Kindern, anstatt aggressiv zu sein wie früher. So konnte sie jetzt über die Gruppentherapie in eine Sammelklasse aufgenommen werden.

Wir haben während der vergangenen Jahre immer wieder die Erfahrung gemacht, daß das Ausmaß und der Erfolg der Förderung geistig behinderter Kinder in entscheidendem Maße von der liebevollen Zuwendung geeigneter Therapeuten im Einzelunterricht abhängt.

Die Musiktherapie hat bei unserer Tochter eine erfreuliche „Musikalität" entwickelt, die hoffen läßt, daß darauf aufbauend noch wichtige Beiträge zur weiteren Förderung des Kindes geleistet werden können.

Es ist überaus wünschenswert, daß geistig behinderten Kindern durch die besonders erfolgversprechenden und erfolgreichen Methoden und Praktiken der Musiktherapie bei ihrer gesamten geistigen und seelischen Entwicklung wesentlich geholfen wird und darüber hinaus im besonderen Maße auch Kindern, bei denen sich eine gewisse „Musikalität" zeigt, Förderung gewährt werden kann.

Wir würden den weiteren Ausbau von Instituten für Musiktherapie sehr begrüßen und Möglichkeiten, Nachwuchs heranzubilden, damit immer mehr Kindern geholfen werden kann.

9. Teil: Einzelschicksale von Behinderten

Therapieberichte

Sabine (14 Jahre) Diagnose: Autismus

Als Sabine mit 7 Jahren auf ärztliche Empfehlung zu mir zur Musiktherapie-Behandlung kam, war sie kaum ansprechbar, ihre Augen waren blicklos, weit aufgerissen ins Leere gerichtet und hafteten weder an Gegenständen noch an Menschen. Sie sah durch alles hindurch. Auf Kontaktversuche reagierte sie gar nicht oder mit aggressiven Ausbrüchen, die sich ins Toben mit Zerstörungswut steigern konnten, begleitet von schrillen, sich überschlagenden Kreischlauten. Sabine hatte sich in die Glasglocke einer autistischen Scheinwelt zurückgezogen und beantwortete jedes versuchte Eindringen in diese mit verstärktem Rückzug oder aggressiver Abwehr. So konnte auch die Welt der Sprache als Verständigung nicht bewußt von ihr ergriffen werden. Sie wirkte in ihrer Seelentaubheit oft wie unempfindlich Hörreizen und Sehreizen gegenüber. Ihre Motorik war stark gehemmt und verkrampft, ihre ganze Entwicklung sehr stark retardiert. Die Dominanz- und Koordinations-Entwicklung war noch völlig unausgeglichen. Sabine versank einerseits in ihrer physischen Schwere, andererseits neigte sie zur hysterischen Auflösung. Angstzustände, Phobien waren ihre Reaktion auf jede kleinste Veränderung, sie versuchte diese durch aggressive Abwehr zu verkraften und flüchtete sich in stereotype Zwänge.

Durch eine gezielte, intensive Hörtherapie mit verschiedensten Instrumenten in sorgfältiger Klangabstufung wurde ein Durchbruch durch die Glasglocke der Seelentaubheit erreicht. Sabine begann als erste Hinwendung zur Außenwelt zu lauschen. Das Instrumentarium wurde ihrer jeweiligen Verfassung angepaßt, es wurde z. B. instrumental mitgetobt auf Becken und Pauken, oder durch einen ständigen Wechsel der Höhenlagen kamen ihre extremen Kontrast-Stimmungen zur Darstellung. Dann wurde allmählich der Ausgleich angestrebt und Sabine ließ sich von den Instrumenten führen. Sie begann in wechselseitiger Improvisation mit mir sich in der Selbstdarstellung zu lösen und zu entspannen, bis ihre Eigenaktivität immer stärker aus passivem Lauschen geweckt werden konnte. Märchen mit Musik gaben ihr die Möglichkeit, auf „neutralem Wege" immer mehr Distanz zu ihren extremen Spannungen zu gewinnen, diese darzustellen und dadurch lösend zu verarbeiten. Das wurde dann in der rein instrumentalen Improvisation widergespiegelt.

Sabine begann, mich als Partner zu akzeptieren und wir bauten einen Kontakt zueinander auf über die Brücke des gemeinsamen Spiels. Diese Brücke konnte immer stärker die Wand ihrer autistischen Glasglocke durchbrechen, bis sie begann, auch verbal ansprechbar zu werden und selbst bewußt Sprache einzusetzen als Kontaktmittel. Ihre Sprache war zuerst kaum verständlich durch die hohe Tonlage und die rasche Silbenfolge. Durch rhythmische Sprach-Spiele, zuerst untermalt mit hohen, dann immer tieferen Instrumenten, wurde Sabines Sprache in eine tiefere Tonlage geführt und einem langsamen Tempo angeglichen. Die Märchen erzählte sie zuletzt selbst mit entsprechenden musikalischen Untermalungen, wozu sie sich selbst die Instrumente holte, später auch für mich. Rhythmische Bewegungsspiele halfen ihr, ihr gestörtes Raumgefühl und ihre Koordinations-Störungen zwischen den Händen, Füßen und Augen auszugleichen, sowie ihre Dominanz auszurichten. Dadurch wurden auch die extremen Stimmungsschwankungen und Angstzustände ausgleichend beeinflußt.

Sabines ungewöhnliche Musikalität verlangte bald nach stärkerem selbständigen Einsatz. Sie lernte zuerst Glockenspiel zu spielen ihrer hohen Tonlage entsprechend, dann Streichpsalter zur Entspannung von Atmung und seelischer Verspanntheit, Blockflöte zur Lockerung der Atmungsvorgänge und zum sprachlichen fließenden Ausdruck, Kantele zur Ausbildung der Feinmotorik und leichten Gelöstheit motorischer Bewegungsvorgänge und zuletzt Gitarre zum Ausgleich der extremen Schwankungen und der Harmonisierung in Motorik, Sensorik und zur Persönlichkeitsentfaltung.

Sabine konnte so mit der Zeit von mir als Haupt-Beziehungsperson immer mehr abgelöst werden, und ihre erworbene Kontaktfähigkeit auf ihre Eltern und andere Bezugspersonen erweitern, bis zu einer Eingliederung in eine Gruppentherapie. Anfangs hatte Sabine große Schwierigkeiten, sich in eine Gemeinschaft einzufügen, jede Veränderung, z. B. das Fehlen eines Kindes oder der Übergang von Winter- zu Frühlingsliedern u. a. führte zu aggressiven Handlungen, hervorgerufen durch ihre Angst vor Veränderungen. Sie steigerte sich oft in eine absenzeartige Hysterie hinein, indem sie ständig wiederholend die Anwesenheit des fehlenden Kindes bekundete, oder ein gewohntes Lied in die Gruppe schrie, wenn ein neues gesungen werden sollte. Mit der Zeit lernte Sabine, sich in die Gruppengemeinschaft einzufügen, unvorhergesehene Veränderungen nur mit stereotypen Fragen zu quittieren, wobei sie meistens die Situationen und Handlungsschauplätze durcheinandermischte. Zu den anderen Kindern gewann sie eine aufgeschlossene, hilfsbereite Beziehung, sie lernte es, freiwillig zugunsten eines anderen Kindes zurückzustehen.

Sabine wurde in der St.-Hildegard-Schule die Schul- und Gemeinschaftsfähigkeit zuerkannt, sie fügt sich nach einigen Anfangsschwierigkeiten willig in das Klassengefüge ein und bewältigt den Lehrstoff gut. Sie wird von Klassenkameraden und anderen Freunden eingeladen und ihr Freundeskreis vergrößert sich ständig, nachdem sie anfangs bei Kindern auf Ablehnung stieß. Sie konnte aus der gezielten Musiktherapiegruppe in eine therapeutische Musiziergruppe aufgenommen werden, in der gesunde und behinderte Kinder gemeinsam musizieren. Sabine hat auf ihren Instrumenten erstaunliche

Fortschritte gemacht, so daß sie bei einem öffentlichen Konzert mitwirken konnte, das vom Institut für Musiktherapie veranstaltet wurde unter Mitwirkung behinderter Kinder und Jugendlicher. Sabine ist außerdem in einer Mädchengruppe und einem Musizierkreis der Kath. Kirche, was als gelungene Rehabilitation angesehen werden kann. Sie ist kontaktfreudig, aufgeschlossen, lernbegierig, ihre Phobien und Aggressionen hat sie völlig überwunden. Ihr Autismus äußert sich nur noch in seltenen Stereotypien, die aber im klärenden Gespräch meistens rasch aufgelöst werden können. Auch ihre Dominanz- und Koordinations-Störungen konnten zum Ausgleich gebracht werden. Ihre Bewegungen sind beherrscht, gelöst und leicht. So konnte für Sabine die Musiktherapie zur Brücke werden, die ihr ermöglichte, die Glasglocke ihrer autistischen Scheinwelt abzubauen, so daß sie in ihrer Persönlichkeit immer mehr gefestigt werden konnte, um den Anforderungen der Umwelt besser gewachsen zu sein.

Johannes, (bei Beginn 4 Jahre) 5 Jahre, Diagnose: Autismus

kam mit schweren autistischen Störungen zu mir, ein tobendes, schreiendes Wesen, kaum ansprechbar. Auf alle Kontaktversuche reagierte er mit Tobsuchtsanfällen, die sich in Aggressivität steigerten. Diese richtete sich besonders gegen kleinere Kinder und Babys, die er biß oder würgte — oder auch gegen sich selbst, indem er mit dem Kopf auf den Boden und gegen harte Gegenstände schlug. Er hat seinen Autismus während der Einzeltherapie, basierend auf Partnerspiele, rhythmischen und melodischen Frage- und Antwortspielen, fast überwunden und konnte in eine Gruppe ebenfalls autistischer Kinder mit ähnlichen Symptomen eingegliedert werden. Er begann Kontakte aufzunehmen ohne Aggressionen, sang alle Lieder richtig mit, und er öffnete sich seiner Umwelt und der Welt der Sprache. Nach einem Jahr konnte er in einen normalen Kindergarten aufgenommen werden.

Eveline, (bei Beginn 19 Jahre) 21 Jahre, Diagnose: „taubstumm", „idiotisch"

Es stellte sich bei der Musiktherapie heraus, daß sie ein sehr gutes Gehör hat und sie begann zu sprechen. Als ich vor 2 Jahren mit der Behandlung durch Atem-, Entspannungs- und Tonübungen mit verschiedenen Instrumenten im Wechsel mit Hörtherapie und eigenem Spiel begann, kannte sie weder ihr Körperschema noch andere Begriffe. Sie hat eine gute Beobachtungsgabe und ist geschickt mit Handarbeiten. Ihre Begriffswelt und der Radius ihres Erfassens der Umwelt weitete sich ständig. Sie arbeitet in einem Jugendwerkheim und musiziert dort in einer Gruppe mit.

Ingolf, 20 Jahre (bei Beginn 15 Jahre), Diagnose: ungeklärt,

erlitt schwere Hirnschäden bei der Geburt. Er kam mit Krämpfen zu mir, Tobsuchtsanfällen, die sich in Aggressivität gegen sich und Zerstörungswut gegen seine Umwelt steigerten. In ca. 3½ Jahren wurde er über das Lauschen auf gezielte musiktherapeutische Übungen mit starker Hervorhebung der Klangfarben zur Eigenaktivität geführt. Er lernte, noch in so spätem Alter sprechen und singen. Er kann jetzt kleine Arbeiten in Haus und Garten selbständig ausführen.

Herrmann, Diagnose: Autismus, „taubstumm, nicht bildungsfähig", „Idiotie" — bei Beginn 4 Jahre alt

war fast 10 Jahre bei mir in Behandlung. Als ich mit der Arbeit begann, zeigte er außer einer starken Hörschädigung schwere autistische Züge und Phobien mit Tobsuchtsanfällen und war kaum ansprechbar. Durch gezielte musiktherapeutische Übungen hat er diesen Autismus fast überwunden. Er ist fröhlich, aufgeschlossen, hat eine gute Beobachtungsgabe entwickelt, sein Lernwille ist kaum zu befriedigen. Er unterscheidet Gegenstände, Materialien, Eigenschaften, Tätigkeiten, die mit den Gegenständen ausgeübt werden, und ordnet ihnen die koordinierten Begriffe zu. Rhythmische Wechselspiele mit mir auf verschiedenen Instrumenten, Lockerungsübungen und rhythmisches Laufen vor- und rückwärts und dazu selbst spielen, führten dazu, sein gestörtes Raumgefühl auszugleichen, und seine Konzentration zu fördern, sowie seine autistischen Willenshemmungen zu überwinden. Er hat lesen, schreiben, rechnen gelernt, und war in einer Taubstummenschule. Während der Hörtrainingsarbeit ohne Apparat, meistens im Rücken des Kindes, hat sich der Radius seiner Wahrnehmungsmöglichkeiten verschiedener Klangfarben immer mehr erweitert. Herrmann lernte selbstgeformte Laute zu bilden, freischwingend mit Resonanz. Er spricht jetzt Worte und kurze Sätze mit Sprachmelodie, ohne den bei Hörgeschädigten oft bemerkbaren kehligen Anlaut. Herrmann (jetzt 16 Jahre) ist jetzt in einer Spezialeinrichtung zur Vorbereitung auf eine Berufsausbildung.

Gertrud, 43 Jahre, Schizophrenie,

war 2 Jahre in einer psychiatrischen Klinik, zuerst in der geschlossenen Abteilung, später in der offenen. Nach intensiver musiktherapeutischer Behandlung konnten die Medikamente immer mehr reduziert werden. Die Patientin wurde entlassen. Die Patientin ist hochmusikalisch und war teilweise nur über die Musik ansprechbar. Sie hatte in der Musik ein Ausdrucksmittel gefunden, das auszusprechen, was ihr auf verbalem Wege zuerst nicht möglich war und erst dadurch möglich wurde. Sie hat sich ihrer Umwelt aufgeschlossen, ist ausgeglichen und konzentriert und bewährt sich nun im Alltag.

Manfred (27 Jahre), Diagnose: „Hirnschaden"

Manfred befindet sich (siehe Elternbericht S. 112) 14 Jahre bei mir in musiktherapeutischer Behandlung. Er wurde zuerst in eine

Musiktherapie-Gruppe aufgenommen. Die schwere Hirnschädigung des Kindes wird auf Krampfzustände als Folgeerscheinung der Pockenimpfung zurückgeführt. Diese Schäden wirkten sich in der Gesamtmotorik und Sensorik sowie in der Intelligenzentwicklung aus. Manfred neigte einerseits stark zu Verkrampfungen, andererseits gerieten die Gliedmaßen bei jeder kleinsten Anforderung in tremorartige Schüttelbewegungen, so daß der Tastsinn und der Greifreflex nicht zur Entwicklung kommen konnten. So blieben Grobmotorik und Feinmotorik auf unkoordinierte, unkontrollierte, willkürliche Bewegungsabläufe beschränkt, die eine sinnvolle Beschäftigung unmöglich machten. Dadurch wurde auch die Entwicklung der sensorischen Bereiche gestört, sie entwickelten sich ohne Bezug aufeinander getrennt und konnten daher nicht ineinandergreifen. Als Folge dieser Schäden im motorischen und sensorischen Bereich konnte auch die Intelligenz nicht ausgebildet werden, so daß bei dem Kind eine immer stärkere Retardierung bemerkbar wurde. Sprachverständnis war in sehr begrenztem Rahmen vorhanden, eigene sprachliche Äußerungen blieben kaum verständlich. Manfred wurde als „nicht bildungsfähig" und „nicht gemeinschaftsfähig" bezeichnet mit der Einstufung „Idiotie".

Als Manfred zu mir in die Gruppentherapie kam, zeigte er wenig Ansprechbarkeit, kaum Kontaktbedürfnis und schwere Antriebshemmungen. Andererseits befand er sich in ständiger Unruhe und wirkte wie getrieben, ohne bei einer Beschäftigung verweilen zu können oder Teilnahme zu zeigen.

So war es erstaunlich zu erleben, wie dieses Kind plötzlich beim Erklingen der Gitarre ruhig sitzen blieb und den Klängen entspannt lauschte. Das zeigte sich wiederholt und wirkte sich schließlich auf immer längere Zeitabschnitte während der Stunde aus. Manfred begann selbst auf der Gitarre zu probieren und war dann so in sein Spiel vertieft, daß er die Gruppe und Umgebung völlig vergaß. Nach einiger Zeit begann er mitzusingen und zeigte dabei ein erstaunlich rasches Erfassen von Melodiefolgen. Er begann darauf auch in der Gruppe mitzusingen, zuerst nur die Melodie, dann auch die Liedtexte, wenn auch recht unverständlich. So fügte er sich auch allmählich in das Gruppengeschehen ein, und über Partner- und Wechselspiele entstand ein Kontakt zu mir und den anderen Kindern. Er konnte nach einiger Zeit die Bewegungen bei den rhythmischen Bewegungsspielen entspannt und gelöst ausführen sowie die Lieder mit einfachen Rhythmusinstrumenten begleiten. Da mir Manfreds besondere Musikalität immer wieder auffiel, beschloß ich, ihn in eine Einzeltherapie zu übernehmen, um ihn intensiver fördern zu können. Ich begann mit intensiver Atemtherapie und Entspannungsübungen. Manfred lernte es, Klangfolgen in freie rhythmische Bewegungen umzusetzen und dazu im Rhythmus zu laufen. Dadurch wurden die Verkrampfungen sowie der Tremor lösend beeinflußt und die Koordination gefördert. Die Gleichzeitigkeit der Arm- und Beinbewegungen wurde dann durch eine Gegenbewegung beider abgelöst, die durch Gegenrhythmen verstärkt wurde. So wurde die Unabhängigkeit in der Motorik geschult, was sich anregend auf die Denkvorgänge auswirkte.

Einfache Rhythmusinstrumente lernte er im Laufrhythmus oder auch in einem Gegenrhythmus betätigen. Um die Feinmotorik und Feinkoordination zu entwickeln, übten wir, mit Perlen Mosaike auszulegen, was durch rhythmische Hilfestellung immer besser gelang. Manfred zeigte sich sehr bewußt in der Wahl der Farben und Formen, die seinen eigenwilligen Tonfolgen wie eine Spiegelung entsprachen.

Seine Bewegungen wurden gezielter und sinnvoll, die Grobmotorik normalisierte sich, die Feinmotorik begann sich zu entwickeln. Das wirkte sich auch auf die sensorischen Bereiche aus, die Sinne konnten immer mehr sinnvoll eingesetzt und aufeinander bezogen werden. Besonders der Gehörsinn war sehr sensibel ausgeprägt. Manfreds Verständnis-Radius für Begriffe, Zuordnungen, Wortsinn erweiterte sich immer mehr, seine Intelligenzleistungen konnten dadurch laufend gesteigert werden. So begann ich nach einiger Zeit neben der Atem- und Entspannungstherapie und den Bewegungs- und Koordinationsübungen mit einem Gitarrenunterricht, der seinen Behinderungen angepaßt war. Manfred lernte es, seinen Tremor soweit zu beherrschen, daß er die einzelnen Saiten nach anfänglichem ziellosem Reißen zupfen konnte und mit der anderen Hand greifen. So erlernte er das Gitarrenspiel und zeigte dabei außer seiner raschen Auffassungsgabe für Melodiefolgen auch ein sicheres Gehör für den Harmoniewechsel. Er lernte zuerst ohne Notenkenntnisse Lieder in verschiedenen Tonarten zu begleiten sowie die Melodien auszuprobieren. Die therapeutischen Erfolge begannen sich auch im täglichen Leben auszuwirken, auf den verschiedensten Gebieten. Manfred wuchs in seine Umwelt hinein und entwickelte sich wiederum an ihr. Er lernte es, seine Behinderungen bewußt zu erleben und selbst an ihrer Überwindung aktiv mitzuarbeiten. So konnte er allmählich die Therapie durch eigene Mitarbeit unterstützen.

In diesem Stadium seiner Entwicklung versuchte ich, über eine Kombinierung von Farb- und Tonerlebnissen bei Manfred ein Verständnis für die Notenschrift zu wecken. Das Umsetzen des Klanglichen in Bildliches und umgekehrt wurde für Manfred ein Weg vom konkreten Erlebnis zum abstrakten Denkvorgang. So lernte er Noten erkennen, lesen, danach spielen, also die Schrift ins Spiel umzusetzen. Das gleichzeitige Notenlesen und Spielen ist ein komplizierterer Vorgang als das Lesen der Buchstaben. So war der Weg auch zum Lesen von Buchstaben gebahnt, die zuerst den Noten unterlegt wurden. Später wurden sie zu Worten zusammengesetzt, darauf wurden die Liedtexte erst singend gelesen, dann rhythmisch gesprochen. Diese Übungen wirkten sich auf seine selbständigen Denkleistungen aus sowie auf die Sprache, die in ihrer Tongebung klangvoll wurde und in ihrer Artikulation deutlich verständlich.

Manfred begann, über die freie Improvisation sich eigene kleine Kompositionen auszudenken, die in Melodik, Rhythmus und Form recht eigenwillig und vielgestaltig sind. Wenn ich diese aufschrieb, betonte er sehr sicher, wie es klingen sollte und welche Instrumente gewählt werden sollten. So lebt Manfred fast ganz in seiner Musik, legt sich eine Plattensammlung an, besucht Konzerte und spielt viele gehörte Melodien auf seiner Gitarre nach.

Im Jugendwerkheim, in dem Manfred bis September 1975 tätig war, hat er die verschiedensten Arbeitsgebiete kennengelernt und guten Kontakt zu den Mitarbeitern und Jugendlichen gehabt. Er spielte mit in der Musikgruppe des Jugendwerkheimes, wo auch Stücke von ihm gespielt wurden. Bei medizinischen und pädagogischen Kongressen und Tagungen spielte Manfred Gitarre und Baßlaute und fand viel Beifall. Der Leiter der Musikschule, der ihn bei einer Veranstaltung spielen hörte, bot ihm eine Freistelle für Einzelgitarrenunterricht an der Musikschule an. Bei einem öffentlichen Konzert mit behinderten Jugendlichen wirkte er mit in der Gruppe und mit Solospiel. Manfred spielt jetzt in mehreren Musiziergruppen. Er ist jetzt in einer Werkstatt für Behinderte tätig.

Selten bekommen wir Auskunft darüber, wie Behinderte ihren Zustand z. Z. der Isolierung vor Therapiebeginn empfanden. Lassen wir Manfred selbst darüber sprechen:

„Ich fühlte mich wie ein Vogel im Käfig, dem man die Flügel beschnitten hat. Er versucht vergeblich aufzufliegen und prallt immer wieder an die Käfigstäbe. Draußen bewegen sich schemenhaft Figuren, die dem Verlangen unerreichbar sind. Schwindelanfälle, Tremor und Halluzinationen löschen immer wieder die Verbindung zum ‚Draußen'. Nur die Musik brachte ein immer stärkeres Licht in diese Dunkelheit, sie wurde zum Schlüssel zu meiner Seele aus der Gefangenschaft. Zuerst hörte ich sie nur, dann konnte ich sie selbst ausüben und kam auf diesem Wege erst geführt, dann immer mehr aktiv mitwirkend zu mir selbst. Das Singen wurde für mich der Weg zur Sprache, die Notenschrift der Weg zum Lesen — Konzerte und Bücher bereichern nun meine Freizeit. In eigenen Kompositionen kann ich musikalisch zum Ausdruck bringen und gestalten, was sich in mir bewegt. Ich habe meinen eigenen Weg gefunden."

Detlev (19 Jahre), Diagnose: Epilepsie, Encephalitis (Impfschaden), bei Beginn 13 Jahre; Elternbericht S. 108

Detlev befindet sich seit Dezember 1970 bei mir in der Musiktherapie — Einzelbehandlung. Seit ca. März 1971 wurde er außerdem in eine Gruppentherapie aufgenommen. Detlev wurde von der Behindertenfürsorge zu mir geschickt.

Detlev hat Krampfanfälle und epileptische Anfälle als Folgeerscheinung einer Encephalitis nach der Pockenschutzimpfung (anerkannter Schaden). Seine Krampfanfälle steigerten sich bisweilen ins Toben, zur Zerstörungswut oder zu Lachkrämpfen.

Häufig traten Absencen auf, die kürzere oder auch längere Zeit andauerten, meistens mit Krämpfen verbunden. Als ich mit der Musiktherapie-Behandlung begann, galt Detlev als nicht tragbar in einer Gruppengemeinschaft und wurde als „nicht bildungsfähig" bezeichnet. In den ersten Therapiestunden stürzte er in hektischer Unruhe durch den Rraum, riß Wandvorhänge von den Wänden, warf Tische und Stühle um und schleuderte alle Gegenstände, deren er habhaft werden konnte, durch das Zimmer. Die Tischdecke riß er vom Tisch, Instrumente, die nicht eiligst entfernt werden konnten, flogen durch das Zimmer oder wurden zerstört. Dazu schrie er mit kreischender Stimme.

Seine Tobsuchtsanfälle und Zerstörungswut richtete sich in Aggressivität gegen seine Mutter und mich, sobald wir versuchten ihn zu halten oder zu verhindern, daß er Gegenstände zerstörte. Detlev war zu dieser Zeit kaum ansprechbar, in dem geschilderten Zustand gar nicht. Man konnte ihn keine Sekunde aus den Augen lassen, was eine kaum tragbare Belastung für die Mutter bedeutete. Detlev wurde auch oft von Krämpfen geschüttelt, die sehr oft eine Absence zur Folge hatten. Er war danach dann sehr geschwächt und mußte geführt werden. Auch bei den täglichen Verrichtungen war er ständig auf Hilfe angewiesen. Seine Motorik war verkrampft und unkoordiniert. Er konnte einfachste Verrichtungen nicht selbständig ausführen, jede Anforderung löste Aggressionen aus, oft auch jeder Versuch einer Hilfe.

Ich begann die therapeutische Behandlung mit großen Becken, die ich schwingend im Raum kreisen ließ. Das Tempo und die Lautstärkendynamik wurden immer mehr gesteigert, also ein „Toben" erreicht, das dem Zustand des Kindes entsprach. Tempo und Lautstärke wurden allmählich zurückgenommen, wieder gesteigert und so fort im Wechsel. So wurde in dem Kind durch die therapeutische Maßnahme die Unruhe zuerst noch gesteigert, jedoch geführt, so daß diese dann gelöst werden konnte.

Das ständige Ab- und Anschwellen führte zur Lösung und Entkrampfung, bis Detlev sich entspannt auf einen Stuhl setzte. Vorher hatte er auf der Erde gekniet oder gesessen, wenn er nicht gerade tobte. Ich begann im Rücken des Kindes mit einer gezielten Hörtherapie mit verschiedenen Instrumenten, die in ihren Lautstärken und Klangfarben abgestuft wurden. Die musikalischen Vorgänge dringen in Bereiche ein, die außerhalb der Willensregion liegen. So ist es möglich, die Tiefenwirkung verschiedener Klänge schon in einem Stadium anzuwenden, in dem der Patient auf andere Therapien noch nicht anspricht. Er kann sich der Klangwirkung nicht entziehen, so dringt sie in tiefste unbewußte Bereiche ein. Das unbewußte Aufnehmen wird durch ständige Wiederholung über das Erinnern zum Lauschen intensiviert. Detlev erkannte nach längerer Zeit die Übungen und Instrumente wieder und zeigte deutliche Reaktionen auf die verschiedenen Instrumente. Mit der Zeit ließ er es auch ohne Sträuben geschehen, daß ich mit ihm schwingende Bewegungen ausführte, aus denen rhythmische Bewegungsspiele entwickelt wurden. Wechselspiele mit mir und Partnerspiele dienten der Kontaktanbahnung, ein Weg zum „Du". Detlev lernte es dadurch immer mehr, die Bewegungen zu den Übungen selbständig ohne meine Hilfe auszuführen, er begann Freude und Stolz über eine gelungene Übung zu zeigen und diese aus eigener Initiative zu wiederholen. Ich konnte ihm mit der Zeit sogar einfache Rhythmusinstrumente geben, ohne daß er sie zerbrach oder zerstörte, was allerdings zwischendurch immer wieder geschah. Er begleitete mit diesen Instrumenten einfache Lieder, die er später auch mitsang. Die dynamisch-therapeutischen Übungen mit dem Becken führte ich später mit ihm im Wechsel aus, wodurch durch sein aktives Mittun die Wirkung intensiviert wurde. Der Weg zur Eigenaktivität war angebahnt. Diese wirkte sich auch im Alltag in den täglichen Verrichtungen immer mehr aus. Seine Verkrampfungen in der Motorik wurden durch Lockerungs- und Entspannungsübungen, die auch den gestörten Atemrhythmus ausgleichen halfen, gelöst und gelockert. Die schweren Schäden im Dominanzbereich konnten immer mehr ausgeglichen werden durch Schwingungsübungen mit den Becken und auf den Pauken. Auch Schädigungen im sensorischen Bereich z. B. kaum ausgeprägter Tastsinn, Ausfälle im Gehör- und Sehbereich konnten zum Ausgleich gebracht werden, da sie größtenteils als Folgeerscheinungen der Dominanzstörungen auftraten. Improvisation und Wechselspiel mit mir förderten seine Eigenaktivität, sowie das Hinhören auf den anderen, was die Zuwendung zum Partner verstärkte, aber auch die Selbständigkeit förderte. Man konnte Detlev nun auch andere Instrumente anvertrauen, die er mit viel Sorgfalt behandeln lernte. Er lernte kleine Melodien und Lieder erst nach dem Gehör, das durch das Hörtraining immer mehr geschult wurde, zu spielen, dann nach farbigen Noten, jetzt kennt er die Notennamen bereits und die Töne auf den Instrumenten. Er spielte zuerst auf dem Glockenspiel, später auf der Kantele und dem Streichpsalter. Jetzt spielt er in der Gruppe sogar seine Stimme bei einem mehrstimmigen Lied oder Kanon sicher mit.

Detlev hat es immer mehr gelernt, sich in die Gemeinschaft der Gruppe einzufügen. Anfangs reagierte er sehr aggressiv schwächeren Kindern gegenüber, die er schlug oder kniff. Der Drang dazu wirkte oft zwanghaft, so daß er sagen konnte: „erzähl mal dem Papa was Gutes", gleichzeitig streckte sich die Hand zum Kneifen aus. Er ist sehr auf Lob angewiesen und sehr stolz auf vollbrachte Leistungen: „heute war ich große Klasse!" Das sagt er allerdings auch, wenn „die Klasse nicht besonders groß" war. Bestätigung spornt ihn oft an zu erstaunlichen Leistungen.

Er führt jetzt die Übungen ohne meine Hilfe frei und gelöst aus, spielt mit viel Freude auf seinen Instrumenten, ist den anderen Kindern gegenüber hilfsbereit und zugewandt. Er ist kontaktfreudig auch Fremden gegenüber, das Gefühl für Distanz und Selektion ist noch nicht ausgeprägt. So fragte er hospitierende Seminarteilnehmer oft nach Menschen, die in seinen persönlichen Umkreis gehören. Wen er einmal gesehen hat, auf denjenigen besinnt er sich noch nach Jahren, auch auf Begebenheiten. Er äußert oft erstaunliche Kombinationen, denen eine lange Gedankenkette vorausgehen mußte und die oft außerordentlich treffend sind. Seine Sprache, die anfangs kaum verständlich war, hat sich zu einer deutlich artikulierten klaren Sprechweise entwickelt, wobei das Singen im Sprechgesang eine große Hilfe war. Er spricht jetzt ganze Sätze, die er noch manchmal plötzlich abbricht, wenn ein Wort für ihn besonders wesentlich ist. Wenn er etwas wünscht, stottert er an dem gewünschten Gegenstand herum. Er hat lesen, schreiben und rechnen gelernt und ist fähig, Denkprozesse selbständig zu vollziehen. Er hilft der Mutter zu Hause, sie kann ihn jetzt überall hin mitnehmen, ohne daß er sich besonders auffällig beträgt. Detlev konnte in das Jugendwerkheim aufgenommen werden.

Detlev G., bei Beginn 19 Jahre, Diagnose: ungeklärt

Detlev befand sich seit 1. 9. 1971 bei mir in Musiktherapie-Einzelbehandlung.

Als Detlev zu mir gebracht wurde, war er nicht ansprechbar. Er reagierte auf unvorhergesehene Geräusche — Telefon, Hundegebell, Husten u. ä. mit Aggressionen gegen sich selbst, indem er mit dem Kopf gegen harte Gegenstände oder gegen die Wand schlug, mit dem Knie oder den Fäusten sich an den Kopf schlug oder sich Kopf und Nacken so zerkratzte, daß sich verkrustetes Blut und Schorf ständig neu bildeten. Auch riß er sich ganze Büschel Haare aus. Gegenstände, die in Reichweite waren, warf er durch das Zimmer, Tische und Stühle wurden von ihm umgeworfen. Er konnte kaum einen Moment stillsitzen, ohne wieder aufzuspringen, oder er rückte mit seinem Stuhl im Zimmer umher. Er konnte weder allein gehen, noch stillstehen, sondern er sprang in seiner großen Unruhe ständig umher, wobei man ihn wegen seiner unberechenbaren Reaktionen keine Sekunde ohne Aufsicht lassen konnte. Nachts schlief er sehr unregelmäßig, meistens im Sitzen, mit langen Phasen der Unruhe, in denen er umhertobte oder in Selbstzerstörungsanfälle verfiel. Da er zu wenig Schlaf hatte, holte er ihn entweder am Tage nach, oder seine erethischen Zustände nahmen ständig zu. Detlev war nicht in der Lage, die einfachsten täglichen Verrichtungen ohne Hilfe auszuführen. So war er auf dauernde Hilfe angewiesen. Da er ständig, auch am Tage, einnäßte und einkotete, bedurfte er einer laufenden Pflege. Er hatte ständigen Speichelfluß, oder er spuckte einfach in die Gegend.

Da Detlev nach obiger Fallbeschreibung als Schwerstbehinderter eingestuft werden mußte, wurde er von keiner Institution aufgenommen.

Da sich der objektiven Wirkung der verschiedenen Instrumente und musikalischen Elemente niemand völlig entziehen kann, wird eine gezielte Musiktherapie auch bei denjenigen Patienten erfolgreich angewandt, denen jede Reaktionsmöglichkeit fehlt, und die auf andere Therapien noch nicht ansprechen. Die gezielt eingesetzten Klangqualitäten können in Bereiche eindringen, die außerhalb der Willensregion liegen, und sie wirken von dort zurück auf den ganzen Menschen. Zu der objektiven tritt die subjektive Wirkung hinzu, so daß die Therapie der individuellen Eigenart des Patienten angepaßt werden muß. Über das unbewußte Aufnehmen führt der Weg zu immer bewußterem Lauschen bis zum Hinhören, ein Weg aus der Isolierung Schritt für Schritt nach außen bis zur Eigenaktivität des Patienten.

Atemtherapie und Entspannungsübungen ergänzen diese „Hörtherapie". Durch den intensiven Einsatz verschiedenster Klangqualität konnte Detlev soweit gefördert werden, daß er während der Therapiestunde fast die ganze Zeit lauschend still auf seinem Platz sitzen bleibt mit seltenen Ausfällen, daß er ferner bei der Wiederholung die Klangfarben der Instrumente und musikalische Motive deutlich wiedererkennt, was sich in seinen verschiedenen Reaktionen zeigt, die immer bei den gleichen Instrumenten und Motiven auftreten. Die Fähigkeit der Erinnerung beginnt sich immer mehr auszuweiten, auch auf Gebiete, die außerhalb der Therapie liegen. Er erkennt Menschen, Gegenstände, Orte — auch wo er nur einmal gewesen ist — wieder und zeigt Freude oder Abneigung. So wurde Detlev über das Lauschen zu einem immer bewußteren Erleben seiner Umwelt geführt. Er reagiert nur noch sehr selten auf unvorhergesehene Geräusche mit Tobsuchtsanfällen und Aggressionen, wirft nur vereinzelt Gegenstände um, ist ausgeglichener und ruhiger.

Zwar bedarf er immer noch einer ständigen Aufsicht und Hilfe, auch springt er noch mehr als daß er geht, doch ist er fähig, kleine Verrichtungen im Haus selbständig auszuführen, wie Tisch decken, Handreichungen machen, Geschirr abtrocknen u. ä. ohne daß die Gegenstände zerstört werden. Er reagiert auch schon auf Zurufe und führt kleine Tätigkeiten auf Bitten hin aus, z. B. hebt er einen Gegenstand auf, der heruntergefallen ist, holt Gegenstände und bringt sie dem Fragenden. So beginnt er, sich seiner Umwelt aufzuschließen und Kontakte zu gewinnen und so zu erweitern, sowie Beziehungen zu Gegenständen und Begriffen zu bekommen.

Ziel der Therapie ist die Eingliederung Detlevs in eine Gruppe und später eventuell in ein Jugendwerkheim.

Ingrid (38 Jahre), Diagnose: ungeklärt, bei Beginn der Therapie 34 Jahre alt

Ingrid nimmt an einer musiktherapeutischen Gruppenbehandlung teil. Ingrid wurde in diese Behandlung gebracht, da sie wegen schwerer aggressiver Ausfälle und wegen ihrer Unfähigkeit, sich in eine Gruppengemeinschaft sozial einzufügen, für eine solche schwer tragbar war.

Ihr Verhalten pendelte zwischen Aggressivität Personen gegenüber, die ihr unsympathisch waren, und Distanzlosigkeit Personen gegenüber, die ihr sympathisch waren, hin und her. Ebenso extrem wechselten ihre Stimmungen. Sie konnte von Weinkrämpfen geschüttelt werden und im nächsten Moment in Lachkrämpfe übergehen. Ihr erethischer Zustand konnte sich bis ins Toben und Schreien steigern, wenn sie ihren Willen nicht durchsetzen konnte. Ihr Expansionsdrang fand ein Ventil in ihrem kleptomanen Verhalten. Sie entwendete Gegenstände auch dann, wenn sie selbst nichts damit anfangen konnte. Da Ingrid auf Musik sehr stark anspricht, konnte Musiktherapie für sie eine große Hilfe werden. Über Gruppenimprovisation wurde ein immer intensiverer Kontakt zu den anderen Jugendlichen aufgebaut. Ingrid lernte es, sich in ihrem sozialen Verhalten in das Gruppengeschehen einzufügen. Es wurde erreicht, daß sie aus ihrem Außenseiterdasein immer stärker in die Gruppe hineinwuchs und bald auch von den anderen mit aufgenommen wurde. Die Freude darüber angenommen zu werden, bewirkte bei Ingrid, daß sie angespornt wurde, ihr Verhalten an dem der Gruppe ihr gegenüber zu kontrollieren und positiv zu regulieren. Sie ist jetzt zugewandt und hilfsbereit auch Schwächeren gegenüber, die vorher oft Ziel der Abreaktion ihrer Aggressionen waren und ihres Machtgefühls ihnen gegenüber. So wandelte sich jetzt schon oft ihre Abneigung in Mitgefühl und Sympathie, wenn diese durch Hinweise geweckt werden konnten. Auch ihrer Distanzlosigkeit im anderen Extrem konnte immer mehr der Weg in echte Bindungen gewiesen werden. So wurde auch wiederholt das musikalische Geschehen zum Ausdruck nonverbaler Kontaktsuche und es schlossen sich dann verbale Verarbeitungsprozesse in Gesprächen an. Ingrids extreme Stimmungen gleichen sich immer mehr aus, während der Gruppenstunden kommt es kaum noch zu Ausfällen. Sie hat es sogar schon verkraftet, wenn ihrem Willen nicht entsprochen wurde, und war freiwillig zum Verzicht bereit. Sie spielt auf verschiedenen Instrumenten mit und singt dazu Lieder, ihre Stimme ist sogar sicher bei Kanons. Sie konnte bei einer öffentlichen Veranstaltung, bei der ihre Gruppe mitwirkte, beteiligt werden ohne Zwischenfälle.

Um diese Erfolge weiter zu festigen und darauf aufzubauen, ist eine Langzeittherapie angebracht.

Frau H. nahm an dem Elternseminar für heilpädagogische Musikarbeit teil. In diesem Seminar erhalten die Eltern behinderter Kinder und Jugendlicher eine intensive Schulung, die Therapie selbst ergänzend auszuführen, um die Erfolge zu intensivieren. Die Eltern haben die Möglichkeit, an den Lektionen des Ausbildungsseminars für Musiktherapie teilzunehmen, z. B. im medizinischen Bereich, um einen besseren Einblick in die Ursachen der Behinderung ihrer Kinder zu erhalten. Da Frau H. selbst musikalisch ist und Instrumente spielt, konnte sie in diesem Seminar die therapeutische Ausrichtung ihrer musikalischen Tätigkeit für ihre Tochter ergänzen.

Matthias, 11 Jahre, Diagnose: Cerebralparese, bei Beginn der Therapie 9 Jahre alt

Bei Matthias begann nach 1½jähriger Wartezeit die musiktherapeutische Behandlung. Er kommt 1mal wöchentlich zur Einzeltherapie. Die Musiktherapie wurde ärztlich empfohlen. Matthias schwere Behinderungen im motorischen, sensorischen Denkbereich sind zurückzuführen auf eine schwere Cerebralparese mit spastischen Lähmungen und Krämpfen. Als Matthias zu mir kam, wirkte er in seiner Gestalt seinem Alter entsprechend entwickelt. Seine motorischen Funktionen, sowie die Ausbildung der Dominanz zeigten schwere Störungen. Matthias läuft noch sehr unbeholfen. Der Gleichgewichtssinn scheint noch wenig ausgeprägt zu sein. In seinen Bewegungsabläufen ist das Kind verkrampft und gehemmt. Der Tastsinn ist noch kaum entwickelt. In den sensorischen Wahrnehmungsbereichen sind schwere Störungen zu beobachten. Das Kind hat einen unsteten, flackernden, nicht zielgerichteten Blick, so ist auch ein Blick-Kontakt nicht möglich. Der Gehörsinn, dessen organische Funktion geschädigt zu sein scheint nach Hörtestversuchen, kann durch die Seelentaubheit des Kindes nicht eingesetzt werden. Matthias ist kaum ansprechbar, ein Begreifen von Sprache und Wortsinn ist kaum vorhanden. Er spricht einige Worte und Laute, mit denen er Gegenstände verbindet und Tätigkeiten. Er ist noch nicht fähig, verbal geäußerten Forderungen Folge zu leisten, noch Gesten in eigenes Tun umzusetzen. Ich begann das Kind durch Atemtherapie und Entspannungs-Tonübungen aus seinem verkrampften Zustand zu lösen. In einer intensiven, gezielten Hörtherapie mit verschiedenen Instrumenten, die in ihren Klangfarben feinste Abstufungen ermöglichen, wurde das Kind über das anfangs noch unbewußte Aufnehmen der Klänge zum Lauschen geführt. Damit war der erste Schritt aus der Isolierung auf die Außenwelt zu erreicht. Die Musik hat ja die Möglichkeit, in Bereiche einzudringen, die außerhalb der Willensregion liegen. So kann sich auch ein Kind mit autistischen Verhaltensweisen ihrer Tiefenwirkung nicht entziehen. Es wird angestrebt, durch die Musiktherapie Matthias weiter zu fördern. Seine motorischen und sensorischen Störungen sollen abgebaut werden durch Atemtherapie, Entspannungsübungen, rhythmische Bewegungsspiele sollen Verkrampfungen lösen helfen und zum Dominanzausgleich führen. Über das Greifen soll das Kind zum Begreifen geführt werden und zum Erfassen des eigenen Körperschemas und verschiedener Materialien, Bewegungsübungen und Vibrationserlebnisse an verschiedenen Instrumenten geben dazu wertvolle Hilfen. In Partnerspielen soll eine Kontaktanbahnung entwickelt werden. Die Glasglocke der Seelentaubheit und die autistischen Verhaltensweisen des Kindes verbauen ihm den Weg in eine Gemeinschaft. Eine gezielte Hörtherapie soll im Kinde ein weiteres Sichöffnen zur Außenwelt bewirken, bis zur Eigenaktivität, die eine Eingliederung in eine Gruppengemeinschaft möglich macht. Mit Tonübungen und Sprechliedern wird eine Sprachanbahnung aufgebaut. In Bewegungsspielen werden der Wortsinn und das Sprachverständnis erarbeitet.

Eine Durchführung der Musiktherapie ist bei Matthias über einen längeren Zeitraum notwendig, um seine schweren Schäden weiterhin erfolgreich abbauen zu können.

Antje (4 Jahre), Diagnose: BNS, bei Beginn 3 Jahre

Antje befindet sich im Institut für Musiktherapie bei mir in musiktherapeutischer Einzelbehandlung. Die Musiktherapie wurde verordnet, Diagnose: BNS-Krämpfe.

Als das Kind hier vorgestellt wurde, machte es den Eindruck eines apathischen Zustandes. Die Gestalt ist gut durchgeformt und das Erscheinungsbild wirkt normal ausgeprägt. In der Grobmotorik sind Ausfälle und Hemmungen zu beobachten, Feinmotorik ist nicht vorhanden. So ist der ganze motorische Bereich schwer gestört und retardiert. Eine Dominanzentwicklung beginnt sich noch nicht zu zeigen, so daß auch eine Koordination der Glieder noch nicht möglich ist. Das Laufen wirkt unsicher, der Gleichgewichtssinn noch nicht genügend ausgeprägt.

Die Wahrnehmungsmöglichkeiten in den sensorischen Bereichen wirken ebenfalls schwer gestört. Das Kind setzt seinen Blick noch nicht gezielt ein. Der taktile Bereich ist noch kaum ausgeprägt. So ist das Kind auch noch nicht fähig zur Koordination von visuellen Eindrücken und Bewegungsabläufen. Auch die auditiven Wahrnehmungsmöglichkeiten waren anfangs kaum reaktionsfähig. Sprach- und Wortverständnis sind kaum vorhanden, ein eigenes Sprachvermögen fehlt noch ganz.

Eigenaktivität kommt noch nicht zum Einsatz, der Antrieb ist gestört. Um den Verkrampfungen lösend entgegenzuwirken, werden zu Beginn der Therapie große Becken eingesetzt, die über dem Kopf des Kindes rhythmisch kreisend geschwungen werden. Verbunden mit diesen Tonübungen wurde eine Atem- und Entspannungstherapie durchgeführt. Aneinanderklirrende Cimbeln übertragen die vibrierende Schwingung auf das Kind und wecken die Bereitschaft zur Eigenaktivität über die Aktivierung des Antriebs. So beginnt das Kind, das anfangs nur unbewußte Aufnehmen der Klänge zu einem immer bewußteren Lauschen und Hinhören zu intensivieren und verschiedene Reaktionen auf verschiedene Instrumente zu zeigen, die gezielt zum Einsatz kommen. Rhythmische Bewegungsspiele mit schwingenden Bewegungen führen das Kind zu einer immer bewußteren Empfindung seines Körpers und damit zum Ausgleich der Störungen im motorischen und sensorischen Bereich.

Durch diese rhythmischen Übungen, die alle Raumebenen erfassen: oben, unten, hinten, vorne, rechts, links, wird das Körpergefühl des Kindes auf ein Wahrnehmen des umgebenden Raumes erweitert. Verstärkt werden diese Bewegungsübungen durch gezielte Hörübungen mit verschiedenen Instrumenten aus verschiedenen Richtungen. Das Kind wendet sich jetzt in die Richtung der Klangquelle und beginnt schon selbst nach den Instrumenten zu greifen, als Impuls zur Eigenaktivität. Deutliche sich wiederholende Reaktionen auf die verschiedenen Übungen und Instrumente zeigen, daß das Erinnerungsvermögen geweckt wurde, so daß Bekanntes in der Wiederholung wiedererkannt wird. So erkennt das Kind jetzt auch Gegenstände und Personen wieder. Durch rhythmische Bewegungsübungen mit schwingenden Schaukelbewegungen wurde der Gleichgewichtssinn entwickelt, was sich auf die motorischen Abläufe und auf das Laufen fördernd auswirkte. Auch diese Übungen werden verstärkt durch Hörübungen mit gesungenen Tonfolgen. Das Kind schwingt im Rhythmus der gesungenen Tonfolgen mit, wobei das Tempo verändert wurde. Mit der Zeit begann das Kind selbst zu schwingen und Töne dazu hervorzubringen. Durch gezielten Einsatz verschiedener Tonhöhen kamen auch die Töne des Kindes nicht monoton, sondern mit Variationen in der Tonhöhe. Vereinzelt konnten schon bestimmte wiederholende Laute erreicht werden, als Grundlage für die Sprachanbahnung. Fingerspiele mit Spielliedern kommen zum Einsatz, um die Motorik zu entwickeln und den taktilen Bereich anzusprechen. Die große Angst des Kindes vor direktem Körperkontakt ist in eine Kontaktsuche umgeschlagen. So konnte die Empfindungsfähigkeit über taktile Übungen entwickelt werden und die Sensibilität erweitert sich ständig. Nun werden Hörübungen und Bewegungsspiele kombiniert, wodurch sich der Wahrnehmungsradius des Kindes im Hören und Empfinden immer mehr erweiterte, dadurch daß mehrere Bereiche gleichzeitig angesprochen wurden. Durch das ständig wachsende Umweltbewußtsein wurde auch ein wiederholbarer Blickkontakt und darauf ein schon teilweiser gezielter Einsatz des Sehens erreicht. So konnte das Kind durch die musiktherapeutische Behandlung in allen Bereichen erreicht werden und es wurde eine Basis gesetzt für den weiteren Aufbau einer Entwicklung aus Seelentaubheit und Aphasie zu Eigenaktivität, Kontaktbereitschaft, Gemeinschaftsfähigkeit, Entwicklung der Körperfunktionen und Sinne sowie das Eigenbewußtsein im Sinne einer Ganzheitstherapie, die auch im Behinderten den Menschen sieht als unteilbare Ganzheit.

Cornelia (11 Jahre), Diagnose: Epilepsie, Autismus

Cornelia befindet sich seit dem 1. September 1971 bei mir in musiktherapeutischer Behandlung. Sie wurde vom Klinikum St., Logopädische Abteilung, zu mir geschickt. Als Cornelia mir vorgestellt wurde, war sie für ihr Alter groß und kräftig im Körperbau, die Gestalt wirkte gedrungen. Cornelia gab schrille Töne von sich, lief unruhig und ziellos im Zimmer umher, der Blick war flackernd und nie zielgerichtet. Auf Kontaktversuche reagierte sie mit Aggressionen.

Da ein Einzeltherapieplatz zur Zeit nicht frei war, wurde Cornelia versuchsweise in eine Gruppe von 3 Kindern aufgenommen. In der ersten Zeit beachtete Cornelia die anderen Kinder kaum, es sei denn zur Ableitung von Aggressionen. Sie gab ständig kurze, schrille Schreie von sich, lief im Zimmer umher, stieß Gegenstände um oder warf sie durchs Zimmer. Auf verbale Ansprache reagierte sie gar nicht oder mit Aggressivität. Blick-Kontakt war nicht möglich, auch wehrte sie sich gegen taktile Kontaktversuche. Das Verständnis für Sprache und Wortsinn war noch gar nicht vorhanden. Sie galt als nicht gruppenfähig und nicht tragbar für eine Gemeinschaft.

Nach wenigen Therapiestunden begann Cornelia deutliche Reaktionen auf die während der Therapie erklingenden verschiedenen Instrumente zu zeigen, die in ihren Klangfarben abgestuft als Hörtherapie verwendet wurden. Das zuerst unbewußte Aufnehmen wurde zum Lauschen intensiviert und bis zum bewußten Hinhören geführt. Das Kreischen ließ nach, die Erethik kam immer mehr zum Ausgleich, bis Cornelia anfing, selbst singende Töne von sich zu geben. Sie begann, die anderen Kinder bei den rhythmischen Bewegungsspielen zu beobachten, doch reagierte sie anfangs immer noch aggressiv, sobald ich versuchte, die Bewegungen mit ihr auszuführen. Als auch dieser Widerstand nachließ, konnte sie mit meiner Hilfe die Bewegungen zu den Liedern und Bewegungsspielen rhythmisch schwingend ausführen. So lernte Cornelia über diese Spiele ihr Körperschema kennen und den sie umgebenden Raum in seinen verschiedenen Ebenen: oben — unten, rechts — links, erfassen sowie ihr Raumgefühl erweitern.

Da Cornelia in der Gruppentherapie nicht individuell in der Sprachanbahnung gefördert werden konnte und sich anderen Kindern gegenüber noch oft aggressiv verhielt, sie umstieß oder nach ihnen schlug, übernahm ich sie in eine Einzeltherapiebehandlung. Es gelang, einen Kontakt zu ihr aufzubauen, über verschiedene Hörtherapien und Bewegungsspiele, bis sie diese auch im direkten taktilen Bereich zuließ. So entwickelte sich auch der Blick-Kontakt, der eine Nachahmung von Bewegungsabläufen erst möglich machte. Cornelia sang schon lange die Lieder und Übungen, zuerst mit einzelnen Tönen, dann vollständig und mit richtiger Tongebung mit, bevor sie dazu fähig war, gezielte Bewegungen selbständig ohne Führung und Hilfe auszuführen. Das Nachahmungsbedürfnis wurde dann besonders stark bei ihr, so daß sie jetzt fast jede Bewegung in Nachahmung umsetzt, was oft in grotesken Bewegungen und Grimassen Ausdruck findet. Bei den rhythmischen Bewegungsspielen kann Cornelia jetzt fast alle Bewegungsabläufe ohne Hilfe bringen, sie weiß fast immer schon im voraus welche Bewegung folgt. Ihr Erinnerungsvermögen ist also geweckt worden, und dieses setzt sich in selbständige, sinnvolle Reaktionen um. Mit einfachen Instrumenten kann sie Lieder und Bewegungsspiele rhythmisch begleiten. In der Gruppe kommt es kaum noch zu aggressiven Handlungen, sie ist zugewandt und hilfsbereit und baut selbst Kontakt zu den anderen Kindern auf.

Über das Singen wurde Cornelia in die Welt der Sprache eingeführt, in dem ich sie Silben, Worte ergänzen ließ. Sie lernte es, den Wortsinn dieser Worte zu erfassen und in anderem Zusammenhang wiederzuerkennen. Ihr Sprachverständnis und ihr innerer Wortschatz erweiterte sich ständig. So baute ich zuerst die Brücke vom gesungenen zum gesprochenen Wort und dann zur Zuordnung zu Begriffen und Gegenständen. Dabei ging ich wieder zuerst vom Körperschema aus, und erweiterte den Raum des Begrifflichen. Erst als in diesem Stadium das Verständnis für Sprache und Wortsinn geweckt und gelenkt worden war und das Kind einen großen Wortschatz gewonnen hatte, begann ich mit gezielten Tonübungen, Atemübungen.

Cornelia konnte schon mehrere Worte sprechen, als ich begann, Vokale und Konsonanten und später deren Lautverbindungen mit ihr zu üben. Sie beherrscht jetzt sprachlich fast das ganze Alphabet, einige Lautverbindungen machen ihr noch Mühe. Ihren inneren Wortschatz beginnt sie in aktive Sprache umzusetzen, die sinnvoll bezogen ist, manchmal bringt sie schon eigene Spontanäußerungen, die nicht Kopie des Unterrichts sind. Ihre Artikulation wird deutlicher und sie ist auf dem besten Wege kleine Sätze zu sprechen, wenn weiterhin mit dieser Intensität mit ihr gearbeitet werden kann.

Cornelia ist aufgeschlossen und fröhlich, kontaktfreudig und ihr Lerneifer ist kaum zu befriedigen. Wenn sie nicht genug gefordert ist, kommen zeitweise aggressive Handlungen vor, oder wenn sie ihren Willen durchsetzen will. Zwei schwere Anfälle im Status in kurzer Folge brachten große Rückschritte in ihrer Entwicklung, die sie jetzt jedoch wieder gut aufholt.

Petra (14 Jahre), Diagnose: Cerebralparese (Elternbericht S. 109)

Petra befindet sich im Institut für Musiktherapie bei mir in Musiktherapie-Einzelbehandlung. Petras schwere spastische Behinderungen sind zurückzuführen auf einen Hirnschaden als Folgeerscheinung der Rhesusunverträglichkeit der Eltern. Die Musiktherapie wurde von verschiedenen Ärzten empfohlen.

Als die Behandlung 1970 einsetzte, konnte Petra nicht aufrecht sitzen und nicht stehen. Sie hatte keine Kontrolle über ihren

Kopf, ihren Körper, ihre Glieder. Der Kopf fiel mit dem Körper nach vorne oder zur Seite, und wenn der Streckspasmus einsetzte, nach hinten. Die Glieder hingen schlaff am Körper oder verkrampften sich mit diesem bis zur völligen Verkrampfung und Versteifung. So wechselten Zustände der völligen Verkrampfung und Versteifung mit solchen der völligen Erschlaffung des ganzen Körpers. Jede Bewegung löste unkoordinierte Bewegungsreaktionen aus, die jede gezielte Bewegung unmöglich machten. Die Hände und Füße waren verkrampft, die Hände zu festen Fäusten geballt, oder schlaff und kraftlos. So konnte das Kind keinen Greifreflex entwickeln, Sprungbereitschaft war nicht vorhanden, auch keine altersgemäßen Reflexe. Das Kind konnte sich auch nicht robbend, krabbelnd oder kriechend fortbewegen. Außer den schweren Ausfällen und Retardierungen im motorischen Bereich waren auch die sensorischen Bereiche schwer gestört. Das Kind konnte seinen Blick nicht zielgerichtet einsetzen, außerdem war es durch eine schwere Schädigung der Augen sehr im Sehen beeinträchtigt. Da das Kind den Gehörsinn auch kaum einsetzen konnte, konnten auch ein Sprachverständnis und eigene Sprachentwicklung nicht beginnen. Petra galt als nicht ansprechbar, nicht förderungsfähig, da sie auf Einflüsse durch die Umwelt kaum Reaktionen zeigte.

Ich begann mit Atemtherapie- und Entspannungsübungen, bis sich die Verkrampfungen lösten und das Kind entspannt auf dem Boden lag. Über dem ganzen Körper des Kindes wurde ein großes tönendes Becken geschwungen, danach wurde ein Becken über dem Kopf des Kindes angeschlagen, bis die Vibration des Beckens direkt auf den Kopf übertragen wurde. Durch die weitende, krampflösende Wirkung des Beckens wurde erreicht, daß die Krampfzustände immer mehr nachließen. Als Ergänzung wurde ein Baßstab als Vibrationsübertragung zuerst auf dem Rücken des Kindes angeschlagen. Diese Übungen wurden dann auch auf Hände und Füße übertragen, wozu später auch eine Trommel benutzt wurde. Diese Übungen führten zu einer besseren Durchblutung der leblosen Glieder und zu einer Entspannung der Muskulatur. Dulzain und Krummhorn wurden als Stauinstrumente zur Dämmung des ständigen Speichelflusses eingesetzt, sowie zur Kräftigung der Gesamtkonstitution. Tiefe Streichinstrumente wurden im Rücken des Kindes als Tonübertragung benutzt. Später wurde im Einklang zu den Instrumenten im Rücken des Kindes gesungen.

Petra kann sich jetzt ohne Hilfestellung aus der Liegehaltung in die Sitzhaltung aufrichten, mit Hilfe, vom Sitzen zum Stehen. Petra läuft jetzt, indem sie nur noch eine leichte Stützhilfe benötigt. Ihr ganzer Körper und ihre Glieder haben sich gekräftigt und Spannkraft erhalten, wodurch auch die Kontrolle über den Kopf, den Körper und die Glieder immer besser möglich wird. So konnte mit den Händen der Greifreflex entwickelt werden und dieser zu einem gezielten Greifen, Petra schlägt mit den entspannten Händen auf ein Becken oder eine Trommel, sie greift auch schon nach dem Klöppel und schlägt damit auf diese Instrumente. Sie erkennt die Übungen wieder und bringt wiederholbare Reaktionen. So konnten Petras schwere motorische Störungen sehr gebessert werden. Auch die sensorischen Bereiche wurden durch gezielte Übungen angesprochen, der Sehbereich durch rhythmische Übungen direkt vor den Augen, die dadurch zur Änderung der Blickrichtung angeregt wurden, der Hörbereich durch Tonübertragungs- und Hörübungen mit abgestuften Instrumenten mit verschiedenen Klangfarben, der Tastbereich durch Vibrationsübertragungen. Petra setzt jetzt ihren Blick wiederholt gezielt ein, ihr Gehör reagiert auf feinste Geräusche und sie gibt selbst Töne von sich, die die verschiedensten Tonhöhen haben. Sie erkennt Gegenstände und Personen wieder und beginnt, immer deutlicher emotionale Reaktionen zu zeigen. So konnte dieses Kind aus einem Zustand völliger Apathie und Reaktionsunfähigkeit immer mehr auf die Umwelt zu geöffnet werden. In der weiteren Behandlung wird angestrebt, daß Petra im motorischen Bereich eine immer bessere Körperkontrolle erreicht, bis sie auf eine Hilfestellung nicht mehr angewiesen ist. Seh-, Gehör- und Tastsinn sollen immer stärker sensibilisiert werden, so daß das Kind es lernt, über seine Sinne gezielt zu verfügen. Durch umweltbezogene Übungen (Wechselspiele, Partnerspiele) soll erreicht werden, daß Petra eine immer bessere Kontaktbereitschaft entwickelt, zur Nachahmung angeregt wird und zur Eigenaktivität. Petras, durch ihre Behinderung blockierte Intelligenz beginnt in wiederholbaren Reaktionen zum Durchbruch zu kommen.

Es wird angestrebt, Petra ergänzend zur Einzeltherapie in eine Gruppentherapie aufzunehmen, um sie in einer Gemeinschaft den Kontakt zu anderen Kindern finden zu lassen.

Ralf (4 Jahre), Diagnose: Autismus (Impfschaden?)

Ralf befindet sich im Institut für Musiktherapie seit dem 1. April 1975 bei mir in musiktherapeutischer Einzelbehandlung und seit 1. November 1975 zusätzlich in Gruppenbehandlung.

Das Kind zeigte autistische Verhaltensweisen. Es reagierte auf Kontaktversuche mit Angst und Abwehr, schloß sich gegen seine Umwelt ab und machte von der Möglichkeit der Nachahmung keinen Gebrauch. Ebensowenig gebrauchte das Kind seine Sinne, die zwar organisch gesund waren, doch nicht zum Einsatz gebracht wurden. So wirkte das Kind in seiner Reaktionslosigkeit wie taub, in seiner Blicklosigkeit wie blind für seine Umwelt. Folglich war der sensorische Bereich schwer gestört. Auch im motorischen Bereich zeigten sich schwere Schäden und Retardierungen. Ralf konnte sich nicht allein aufrichten, er lief torkelnd und ließ sich oft schwer fallen und mußte dann gegen seine Schwere hochgezogen werden. Er konnte auch noch nicht kriechen. Seine Arme und Beine waren nicht fähig, den Körper zu stützen, sie sanken kraftlos, schlaff zusammen. So war auch der Gleichgewichtssinn gestört und die gesamte Motorik und die Dominanz. Das Erscheinungsbild des Kindes war für sein Alter groß, besonders die Kopfgröße war auffallend.

Der ganze Körper und die Glieder wirkten schlaff und unbelebt.

Ich begann mit einer intensiven Behandlung mit gezielter Musiktherapie. Ich benutzte dazu sorgsam in der Klangfarbe abgestufte Instrumente, bis das Kind aus seinem apathischen Zustand geweckt werden konnte und sich wiederholbare Reaktionen zeigten. Erste Eigenaktivität zeigte sich im Antrieb zum Greifen, ausgelöst durch Vibrationsübertragungen, die auf das Kind anregend wirkten. Ralf konnte bald mit Hilfestellung Bewegungsspiele ausführen, die seine Motorik dahingehend beeinflußten, daß er gezielte Bewegungen ausführen konnte. Er begann differenzierte Hörreaktionen zu zeigen, seinen Blick zielgerichtet einzusetzen, bis ein Blick-Kontakt erreicht werden konnte. Ralf lernte es, mit einfachen Schlaginstrumenten erst mit Hilfe, dann selbständig zu spielen, in Partnerspielen Kontakt zum eigenen Körper und zu dem des Partners zu gewinnen.

So erweiterte sich der Radius seiner Wahrnehmungsmöglichkeiten in den verschiedenen Bereichen ständig. Er lernte kriechen und damit wurde auch sein Laufen beeinflußt, so daß er immer sicherer wird im Gleichgewicht. Ralf hatte in seiner vollständigen Aphasie keine Möglichkeit, Umweltverständnis und Sprachverständnis zu entwickeln. Über die Partnerspiele und körpereigene Spiele lernte er erst seinen Körper kennen, dann seinen Umkreis erweitern auf Gegenstände, Menschen. So entwickelte sich aus dem wachsenden Umweltverständnis auch ein Verständnis der Sprache, bis das Kind begann, selbst Laute von sich zu geben, die durch Hörübungen und Tonübertragungsübungen zu gezielten Lauten entwickelt wurden. Ralf spricht jetzt viele Worte und kleine Sätze in der Nachahmung und spontan als Eigenäußerung. Ralf hat viel Freude an den Bewegungsspielen und Spielliedern, er stürzt sofort in den Therapieraum und holt sich schon selbst Instrumente. Er ist fröhlich und sein Eifer ist kaum zu dämmen.

Einige Zeit hindurch, als Ralf begann sich aus seinem apathischen Zustand herauszulösen, holte er verschiedene Kleinkindphasen nach, so auch die orale Phase. Diese steigerte sich in einen Leckzwang, der therapeutisch gezielt abgebaut werden konnte. Auch andere stereotype Zwangshandlungen konnten in sinnvolles Tun umgeleitet werden.

Ralf wurde in eine Gruppentherapie aufgenommen, die ergänzend zur Einzeltherapie durchgeführt wurde. In der Gruppe begann Ralf, angeregt durch die anderen Kinder, immer mehr Eigenaktivität zu entwickeln, so daß er immer weniger auf Hilfe angewiesen war. Er begann Kontakt zu den anderen Kindern zu gewinnen. Seit einiger Zeit — sich verstärkend, waren plötzlich Stornierungen und Rückschritte in Ralfs Entwicklung zu beobachten. Das Kind wirkte, wie im Rückzug begriffen, Ängste traten auf, der Leckzwang war plötzlich wieder da und steigerte sich zum Beißzwang. Das Kind war ständig in Erregung, biß, spuckte und schlug um sich, sobald jemand in seine Nähe kam.

Es gelang im Laufe der Therapie zwar immer, diesen Zustand abzuleiten in sinnvolles Tun und das Kind wurde gelöst und befreit während der Musiktherapiestunde. Es dauerte jedes Mal eine geraume Zeit, bis Ralf sich wieder mit Freude und Eifer den Übungen widmete. Zu Beginn der Stunde und daheim wirkte das Kind wieder freudlos und isoliert.*) Die Störungen waren dann plötzlich fast ganz behoben, so daß die Arbeit in gewohnter Weise fortgesetzt werden kann. Ralf macht jetzt gute Fortschritte in allen Bereichen, ist wieder kontaktfreudig und voll fröhlicher Aktivität. Sein Sprachraum erweitert sich ständig. Er setzt seine Glieder und Sinne gezielt ein und reagiert auf Ansprache.

Frau K. nahm, um die Musiktherapie zu unterstützen, an dem Elternschulungs-Seminar teil. So kann die Behandlung durch

---

*) Ralf war in einen Kindergarten aufgenommen worden, der seinen Bedürfnissen nicht gerecht wurde. Er ist jetzt in einem Therapiezentrum.

die Mitarbeit der Mutter intensiviert werden, was sich beschleunigend auf die Therapieerfolge auswirkt.

Elisabeth (11 Jahre), Diagnose: Autismus (bei Beginn 5 Jahre)

Elisabeth kam mit schweren autistischen Verhaltensweisen zu mir in die musiktherapeutische Behandlung. Sie wurde als nicht bildungsfähig und nicht gemeinschaftsfähig bezeichnet. Das Kind war nicht ansprechbar, es reagierte auf jede Anforderung durch die Umwelt mit Schreien, Toben, Aggressionen, die sich in Zerstörungswut oder völlige Versteifung des Körpers steigerten.

Sprachverständnis oder eigenes Sprachvermögen waren gar nicht vorhanden. Die Sinne selbst waren nicht geschädigt, jedoch war das Kind unfähig, diese zu gebrauchen. Der Blick war leer, ziellos ohne Sehvermögen, das Gehör wirkte wie taub, der Tastsinn war nicht ausgeprägt.

Für eine Gemeinschaft war Elisabeth nicht tragbar. So befand sich das Kind in einer Glasglocke völliger Seelentaubheit, in deren Isolation eine Entwicklung durch Nachahmung und Lernprozesse nicht möglich war. So entstand eine Retardierung in allen Bereichen. Durch eine gezielte musiktherapeutische Behandlung mit verschiedenen therapeutischen Instrumenten, aufbauend auf Atem- und Entspannungstherapie, konnte eine Brücke geschlagen werden zu unbewußten Reaktionsvorgängen.

Das Wahrnehmungsvermögen durch die Sinne wurde geweckt und entwickelt, bis Lernprozesse einsetzen konnten. Die Hörtherapie konnte durch Partnerspiele und rhythmische Bewegungsspiele ergänzt werden, so daß Elisabeth im motorischen Bereich ihre Glieder gezielt einsetzen lernte, und ihre Kontaktbereitschaft aufgebaut werden konnte. So lernte Elisabeth ihren Körper kennen im gezielten Bewegungsspiel sowie Gegenstände aus der Umwelt „begreifen". Dadurch erweiterte sich ihr innerer Sprachraum, bis er sich nach außen Bahn brach, so daß Elisabeth über Einzeltöne den Weg zum gesprochenen Wort fand, das für sie bereits Begriff war, bevor sie sprechen konnte.

Über Wechsel- und Partnerspiele konnte Elisabeth mit Hilfestellung, dann immer selbständiger zur Eigenaktivität geführt werden. Elisabeth konnte in eine Gruppentherapie aufgenommen werden, wo sie in ihrem Sozialverhalten kontaktfreudig und hilfsbereit ist. Ihre Störungen im motorischen und in den sensorischen Bereichen konnten immer mehr ausgeglichen werden, ihre autistischen Verhaltensweisen konnten abgebaut werden, ihre Sprachansätze erweitern sich zu kleinen, sinnvollen Sätzen. Elisabeth konnte in eine Sammelklasse aufgenommen werden.

Um auf den Erfolgen weiter aufbauen zu können in Bezug auf Motorik, Sensorik, Sozialverhalten und Sprachvermögen bedarf es einer Langzeittherapie.

Carsten (7 Jahre), Diagnose: Cerebralparese

Carsten hat durch die musiktherapeutische Einzelbehandlung gute Fortschritte in seiner Gesamtentwicklung gemacht.

Zu Beginn der Behandlung mit Musiktherapie fehlte Carsten jede Kontrolle über seinen Körper, weder die motorischen noch die sensorischen Funktionsabläufe konnte er gezielt einsetzen. So ging der Blick unstet, nicht zielgerichtet umher, der Kopf sank ständig nach hinten, wenn der Streckspasmus einsetzte, oder nach vorne, wenn der ganze Körper schlaff in sich zusammensank. So wechselten Zustände der völligen Versteifung und Verkrampfung des ganzen Körpers mit solchen der völligen Erschlaffung, selbständiges Sitzen war dem Kind nicht möglich, da die aufrechte Sitzhaltung durch die fehlende Körperkontrolle nicht beibehalten werden konnte. Die Hände und

Füße waren entweder fest verkrampft —, die Hände zu Fäusten geballt, oder sie hingen schlaff herab. Jeder Versuch, die Glieder zu gebrauchen, führte zu unkoordinierten Bewegungsverkettungen des ganzen Körpers oder zu völliger Verkrampfung. Sprungbereitschaft und altersgemäße Reflexe waren nicht vorhanden, das Kind konnte auch nicht kriechen und nicht stehen. Sprachverständnis war teilweise vorhanden, jedoch kein Ansatz zu eigener Sprachentwicklung. So konnte sich Carsten nur durch grunzende Laute oder durch Gesten, die jedoch durch die unkontrollierbaren Nebenbewegungen kaum erkennbar waren, verständlich machen.

Ich begann mit der Musiktherapie mit einem großen Becken, das ich über dem Körper des auf dem Bauch liegenden Kindes schwang. Dann kam ein zweites Becken im Wechsel dazu. Die krampflösende, weitende Wirkung der Becken wurde ergänzt durch einen Baßstab, als Vibrationsübertragung auf dem Rücken, Hände und Füße des Kindes. Dazu wurde ebenfalls eine Trommel benutzt, deren Schwingungen auf Hände und Füße übertragen wurden. Diese Übungen führten zu einer stärkeren Durchblutung der Glieder und zu einer Entspannung der Muskulatur. Atem- und Entspannungsübungen ergänzten diese instrumentale Therapie, verbunden mit im Rücken gesungenen Resonanztönen. Zur Kräftigung der Gesamtkonstitution und zur Dämmung des ständigen Speichelflusses wurde das Krummhorn als Stauinstrument eingesetzt.

Carsten sitzt jetzt aufrecht in einem selbstgebauten Rollstuhl. Er kann auch seinen Kopf viel besser aufrecht halten, bis auf Momente, wenn der Streckspasmus einsetzt. Er hat es gelernt, seine Hände und Füße gezielt einzusetzen, z. B. schlägt er nach Aufforderung mit der rechten oder linken Hand, bzw. rechten und linken Fuß, auf ein Becken oder eine Trommel, wobei sich die verkrampften Finger und die verkrampften Zehen völlig entspannen. Nun wird ein Greifreflex möglich, der zu einem gezielten Greifen entwickelt werden soll, mit den Fingern, aber auch mit den Zehen. So beginnt Carsten schon mit einfachen Rhythmusinstrumenten selbst zu spielen und mit Klöppeln auf Schlaginstrumente zu schlagen. Carsten kennt die Übungen schon genau und kennt jetzt auch seine Körperteile und die Raumebenen oben — unten, rechts — links, hinten — vorne. Er bewegt und hebt auf Zuruf die richtigen Glieder und setzt diese in den Übungen gezielt ein, Carsten kann sich mit Hilfestellung aus der Liegestellung in die Sitzstellung hochziehen mit aufrechter Kopfhaltung, er kann die Hände über den Kopf heben, die Füße anheben, beides im Atemrhythmus. Er hat es gelernt, schon teilweise selbständig seinen Körper zu spannen und zu entspannen, als Vorstufe dazu wurde der Moro-Reflex entwickelt im Atemrhythmus. So konnten seine schweren motorischen Störungen sehr gebessert werden Auch im sensorischen Bereich beginnt Carsten seine Retardierungen aufzuholen, sein Blick wird immer zielgerichteter, wodurch auch ein Blick-Kontakt möglich wird. Blick und Bewegung können manchmal schon koordiniert eingesetzt werden. Carsten hört jetzt gut und er differenziert gehörte Töne. Er bringt selbst schon gezielte Töne als Basis für die Sprachanbahnung. Zur Hilfe der Tonausbildung kommen Krummhorn, Okarina und Doppelflöte zum Einsatz, die von hinten oder als Direktübertragung auf den Kehlkopf gespielt werden. Gesungene Töne verbunden mit Atemübungen erzeugen eine Gegenresonanz, die das Kind zu eigener Tongebung anregt. Ziel der weiteren Behandlung ist, Carsten soweit zu fördern, daß er seine Körperkontrolle immer mehr beherrschen lernt, bis er ständig selbständiger wird in seinen Bewegungsabläufen. Er muß seinen Willen bewußt und gezielt einsetzen lernen zur Beherrschung seiner Körperfunktionen. Da seine Intelligenz, die nur teilweise blockiert war durch seine schweren Behinderungen, nicht primär geschädigt ist, kann er es lernen, bewußt diese einzusetzen bei den gezielten Übungen, zur Körperbeherrschung und zur Sprachentwicklung.

Carsten muß es auch noch lernen, die Zuwendung seiner Beziehungspersonen mit anderen zu teilen, und jene nicht ausschließlich für sich zu beanspruchen. Sein Kontaktbedürfnis ist intensiv auf wenige Personen beschränkt und muß auf eine Gruppengemeinschaft erweitert werden.

Frau M. nahm an dem Elternschulungsseminar teil, um die Musiktherapie zu ergänzen.

Jan (6 Jahre), Diagnose: Autismus

Jan befindet sich seit November 1973 bei mir in musiktherapeutischer Einzelbehandlung.

Als Jan zu mir gebracht wurde, lief er in großer Unruhe ziellos wie gehetzt im Zimmer hin und her und schrie anhaltend in schrillen Tönen. Auf Kontaktversuche reagierte er aggressiv und mit verstärktem Schreien und wälzte sich am Boden. Gegenstände stieß er von sich, taktilen Kontaktversuchen setzte er Widerstand durch Strampeln oder Stoßen entgegen, ständig durch Schreien begleitet oder er versteifte sich. Auf verbale Ansprache reagierte er gar nicht. Ein Blick-Kontakt war nicht möglich, das Verständnis für Sprache und Wortsinn war noch nicht ausgeprägt. Das Kind wirkte in seiner Gestalt wohlgeformt und gut entwickelt für sein Alter, in der Motorik jedoch verkrampft und gehemmt. Als ich anhaltend im Wechsel Becken und Cimbeln in schwingendem Rhythmus pendeln ließ und in Vibration miteinander versetzte, kam das Kind langsam zur Ruhe, setzte sich in eine Ecke auf den Boden und hörte auf zu schreien. Das autistische Verhalten Jans ist verbunden mit Angstzuständen, Phobien vor den Reizen, die aus der Umwelt auf ihn zukommen, sowie bei jeglichen Anforderungen, die an ihn gestellt werden.

Nach einigen Therapiestunden zeigte Jan lebhafte Reaktionen auf die Klangwirkungen verschiedener Instrumente, die ich als Hörtherapie in Abstufungen verwendete. Der Therapieweg führte ihn über das anfangs unbewußte Aufnehmen zu einem immer intensiveren Lauschen, das ja bereits ein sich Lösen und ein sich Öffnen für die Umwelt bedeutet. Dieses Lauschen soll immer mehr zu einem bewußten Hinhören geführt werden bis zur Eigenaktivität des Kindes. Das Schreien hat gänzlich aufgehört. Jan kommt mit viel Freude in die Therapiestunde und setzt sich sofort auf den Boden. Ich setze mich zu ihm und beginne mit der intensiven Hörtherapie, wobei ich die Auswahl der Instrumente in ihren Klangfarben immer mehr erweitere.

Jedes neue Instrument nimmt Jan mit großem Interesse wahr. In den letzten Stunden holte er sich schon selbst vertraute Instrumente, die er mir gab, oder er zeigte auf das Instrument, mit dem ich spielen sollte. Gegen taktile Kontaktversuche wehrte er sich zwar immer noch, jedoch beginnt er mit meiner Hilfe selbst mit einigen einfachen Instrumenten zu spielen, wobei er geschickt und sinnvoll vorgeht. Dabei zeigt er eine große Freude am Experimentieren und beweißt dadurch, daß er fähig ist, zu beobachten und Beobachtungen in eigenes Tun umzusetzen und sogar selbständig eigene Wege zu finden. Das setzt schon einige Denkprozesse voraus. Ich halte Jan für ein Kind, das sich bei Überforderungen durch Umweltreize, denen es sich nicht gewachsen fühlt, zurückzieht, das sich jedoch in diese Isolierung nicht so vollständig einschließt, um nicht Eindrücke speichern zu können. Die Intelligenzleistungen, die er bei seinen Experimenten vollbringt, sind für sein Alter teilweise recht erstaunlich. Über Wechselspiele und Partnerspiele versuche ich Jan immer mehr eine Brücke zur Kontaktanbahnung zu bauen, und bei den rhythmischen Bewegungsspielen gelingt manchmal schon ein Blick-Kontakt. Über das Singen, verbunden mit Atemübungen und Entspannungsübungen, führe ich Jan in die Welt der Sprache ein, wobei sich sein Sprachverständnis und sein innerer Wortschatz ständig erweitert. Vom gesungenen zum gesprochenen Wort führt der Weg zur Zuordnung von Begriffen, Gegenständen, Tätigkeiten. Sobald das Verständnis für Sprache und Wortsinn stärker geweckt werden kann, sowie das Erinnerungsvermögen sich in selbständige, sinnvolle Reaktionen umsetzt, soll vom eigenen Körperschema ausgehend der Raum in seinen Ebenen oben — unten, rechts — links, hinten — vorne erweitert werden, bis das Kind seine Angstzustände durch „Begreifen" und „Erfassen" im motorischen, sensorischen und Denkbereich überwindet und dadurch immer mehr Zugang findet in seine Umwelt. Um diese Therapieerfolge weiter zu befestigen, weitere anhaltende Erfolge zu erreichen und darauf aufzubauen, ist eine Weiterführung der Musiktherapie bei Jan sehr notwendig.

Eine Musiktherapiebehandlung pro Woche ist sehr wenig. So habe ich an meinem Institut Seminare eingerichtet, in denen die Eltern behinderter Kinder therapeutisch geschult werden, damit sie selbst mit ihren Kindern die Therapie ergänzen können. Außer einer praktischen Anleitung in der Anwendung therapeutisch wirksamer Instrumente und musikalischer Vorgänge finden Seminarabende an verschiedenen Institutionen wie Kliniken, heilpädagogischen, psychiatrischen Einrichtungen statt, die von Ärzten, Psychologen, Psychotherapeuten, Heilpädagogen, Musikwissenschaftlern u. a. gehalten werden. Frau L. nahm seit 1. März 1974 am Elternseminar teil.

Jürgen (8 Jahre), Diagnose: Autismus (bei Beginn 7 Jahre)

Jürgen hat durch die musiktherapeutische Einzel- und Gruppenbehandlung erstaunliche Fortschritte in seiner Entwicklung gemacht. Zu Beginn der Musiktherapie war Jürgen nicht ansprechbar, er zeigte kaum Reaktionen auf seine Umwelt, Sprachverständnis und eigene Sprachfähigkeit waren nicht entwickelt. Phobien und stereotype Verhaltensweisen ergänzten sein autistisches Erscheinungsbild. Das Kind, dessen Glieder und Sinne gut altersgemäß entwickelt waren, zeigte sich unfähig, diese gezielt zu gebrauchen und sinnvoll einzusetzen. So war Jürgen auch weder fähig, sich durch Nachahmung Fähigkeiten anzueignen noch Kontakte aufzubauen. Das führte zu schweren Retardierungen in allen Bereichen, so daß das Kind in einem apathischen Zustand verblieb, in völliger Antriebslosigkeit und Seelentaubheit.

Durch gezielte musiktherapeutische Übungen mit antriebsweckenden Instrumenten, z. B. Becken, Cimbeln konnte Jürgen aus seinem aphasischen Zustand herausgelöst werden und seine autistischen Verhaltensweisen konnten immer mehr abgebaut werden. Das Kind begann wiederholbare Reaktionen zu zeigen, die dann in rhythmische Bewegungsspiele eingebaut wurden, bis das Kind fähig wurde, sie in Wechselspielen selbständig einzusetzen. So wurde der Weg zur Eigenaktivität gebahnt und dem Kind die Basis geschaffen zu Umweltverständnis und Kontaktanbahnung. Anordnungs- und Begriffsvermögen wurden über das Wiedererkennen gleicher Übungen entwickelt und auf tägliche Verrichtungen übertragen. So beginnt das Kind immer mehr, seine Glieder und Sinne aktiv zielgerichtet einzusetzen und durch Nachahmung Lernprozesse aufzubauen, wodurch seine Retardierungen in den verschiedenen Bereichen schrittweise aufgeholt werden. Jürgens Sprachverständnis wurde durch gezielte Atem-Tonübungen, Entspannungs- und Lautübungen geweckt und zur eigenen Sprachfähigkeit weiterentwickelt.

Das Kind spricht Laute und verschiedene kurze Worte, der Wortschatz und das damit verbundene Sprachverständnis erweitern sich ständig. Jürgen konnte in eine Gruppentherapie aufgenommen werden, in der in kleinem Rahmen seine erworbene Fähigkeit, Kontakte zu beantworten, auf die anderen Kinder der Gruppe ausgedehnt wird.

So konnte Jürgen in dem Therapie-Zentrum des Caritas-Verbandes Aufnahme finden als Therapie-Ergänzung durch andere Therapiearten. Eine Weiterführung der Musiktherapie ist dringend notwendig, um der beginnenden Entwicklung des Kindes in den bisher geförderten Bereichen eine festere Basis schaffen zu können, die Selbständigkeit, Eigenaktivität, Gemeinschaftsfähigkeit und Sprachentwicklung aufbauend zum Ziele hat.

Frau L. nahm seit Oktober 1975 an dem Elternschulungsseminar teil, das im Institut für Musiktherapie durchgeführt wird. Dieses Seminar soll den Eltern Hilfestellung geben, ihr Verhalten ihrem behinderten Kind gegenüber zu kontrollieren und zu regulieren, d. h. Fehlverhalten abzubauen. Die Eltern werden angeleitet, die Therapie, die mit ihrem Kind durchgeführt wird, zu Hause zu ergänzen, um intensivere Erfolge zu erzielen. Sie haben ferner die Möglichkeit, in Gesprächen mit den Therapeuten und mit anderen Eltern Probleme und deren Lösung zu besprechen, sowie bei Therapien, die mit Kindern mit ähnlicher Behinderung durchgeführt werden, zu hospitieren.

In Seminarabenden und im Gespräch mit den Dozenten des Institutes können sie sich über Ursache und Art der verschiedenen Behinderungsarten informieren. So bildet das Elternschulungs-Seminar eine wichtige Therapieergänzung und mit der therapeutischen Behandlung eine Einheit.

10. Teil: Bilder

PETRA Hirnschaden, Autistische Phänomene

Bild 1 *Angst, Isolation*

Bild 2 *Lauschen, der erste Schritt nach „außen" aus der Glasglocke*

Bild 3 *Rhythmisches Wechselspiel mit Klangstäben*
Kontaktanbahnung zum Partner, beginnende Eigenaktivität mit Hilfestellung, Weckung des Antriebs.

Bild 4 *Spiel auf der Pauke*
Eigenaktivität ohne Hilfestellung
Das Mädchen spielt begleitend in der Gruppe mit. Sie hört auf die anderen Kinder mit ihren Instrumenten und paßt ihre Begleitung an. Sie ist in die Gemeinschaft aufgenommen.

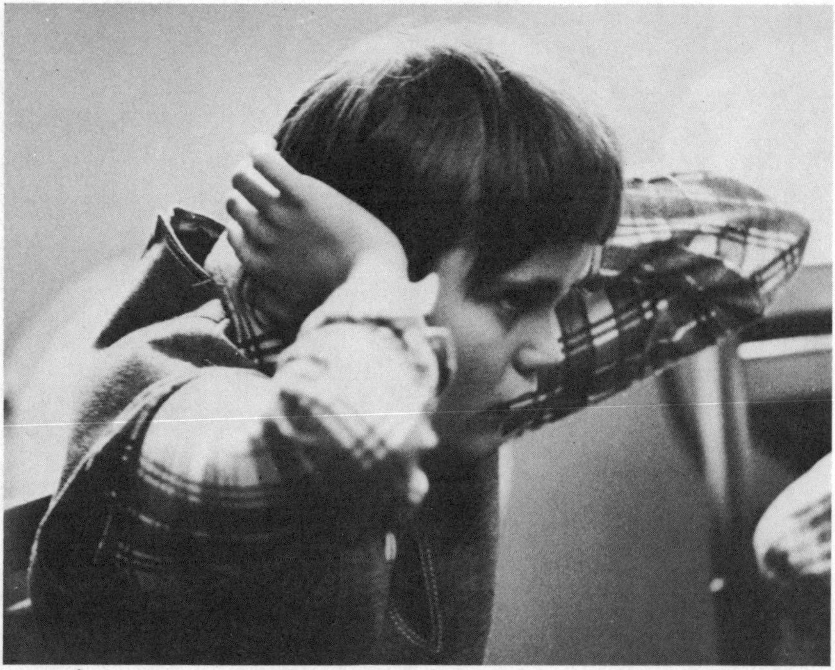

1

2

HARALD   (Down Syndrom) mongoloider Knabe

Bild 1   Kriechender Knabe
Da der Knabe nicht richtig laufen kann, wird das Kriechen erst als Vorbedingung dazu geübt. Wird eine Entwicklungsphase ausgelassen oder vernachlässigt, so muß das Vakuum erst gefüllt werden, bevor die nächste geübt wird, da diese sonst nie richtig ausgeprägt werden kann.

Bildserie: Laufübungen

Bild 2   aufrichten

Bild 3   wieder hinfallen

Bild 4   es ist geglückt

Bildserie: Vibrations- und Tonschwingungsübertragungen

Gehörwahrnehmungen wirken von hinten verstärkt. So werden folgende Übungen zuerst von hinten übertragen, dann in der Frontalebene. Vibrationsübertragungen erfolgen mit direktem Körperkontakt, Tonschwingungsübertragungen ohne diesen. Beide dienen hier der Krampflösung oder der Sprachanbahnung.

Bild 5   Vibrationsübertragung mit Violoncello
Entspannung des ganzen Körpers vom Rücken her, Beeinflussung der Nerven über das Rückenmark, Sonnengeflecht.

Bild 6   Verstärkung der vorigen Übung durch Summtöne unisono

Bild 7   Vibrationsübertragung mit Baßstab
Lautanbahnung: Der Knabe gibt erst unartikulierte Töne von sich, später spricht er zu jedem Ton Ba oder Bu.

Bild 8   Vibrationsübertragung durch Summ- und Singtöne
Gesungene Töne verschiedener Tonhöhe im Rücken des Knaben

a) Tonanbahnung: der Knabe bildet die Töne nach

b) Lautanbahnung: der Knabe formt die Töne zu Lauten

c) Sprachanbahnung: der Knabe spricht Worte nach

d) Sprachverständnis: der Knabe verbindet Wort und Gegenstand

Tonschwingungsübertragung mit Tamburin:
Die Schwingung wird auf Füße, Hände, Kopf übertragen zur Entspannung und Krampflösung, Durchblutung und Erwärmung.

Bild 9   Tonschwingungsübertragung auf die Füße

Bild 10   Tonschwingungsübertragung mit Krummhorn
Ruhige, getragene Töne im Quint- oder Quartabstand dienen dem Stau des Speichelflusses, der Eindämmung des Bettnässens und der Nasensekretion. Trillerartige Töne dienen der Tonanbahnung. Der Knabe bringt trillerartige Töne in der Nachahmung.

Bildserie: Tonschwingungsübertragung mit Okarina

Bild 11   Trillerartige Töne dienen der Tonanbahnung

Bild 12   Der Knabe lauscht und ahmt die Trillertöne nach in verschiedenen Tonhöhen

Bild 13   Voraussetzung für eine melodische Sprache, die bei mongoloiden Kindern oft nicht vorhanden ist

Bild 14   Harald singt mit und lacht

Bild 15   Vibrationsübertragung mit Doppelflöte auf den Kehlkopf
Harald gibt unartikulierte Töne von sich, dann trillert er mit.
Tonanbahnung: Nach der Tonschwingungsübertragung von hinten (ohne Bild), wird die Vibration direkt auf den Kehlkopf übertragen. Das Instrument kann zweistimmig geblasen und zweimal überblasen werden. So ergeben sich verschiedene Tonhöhen und Tonlagenkobinationen. Der Knabe ahmt die verschiedenen Tonhöhen singend nach und lernt seine Stimme zu modulieren.

Bildserie: Sprachübungen

Bild 16   Gutturallaute werden geübt

Bild 17   Bildung des „i"

Bild 18   Bildung des „a"

Bild 19   Akustisches Wechselspiel mit dem Ball
Kontaktanbahnung zum Partner

Bild 20   Rhythmisches Bewegungsspiel
Die Hände haben sich entspannt. „Sie halten Pferdezügel."

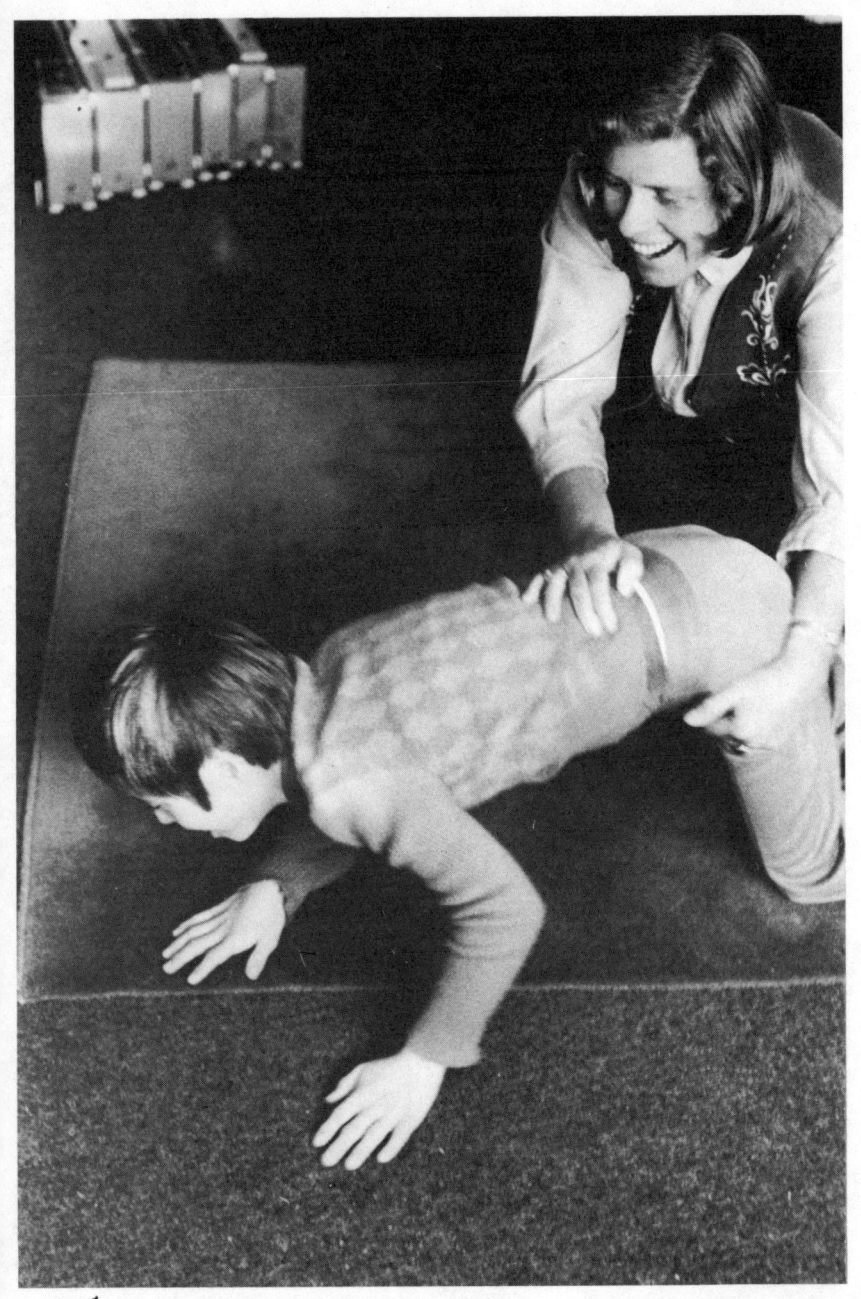

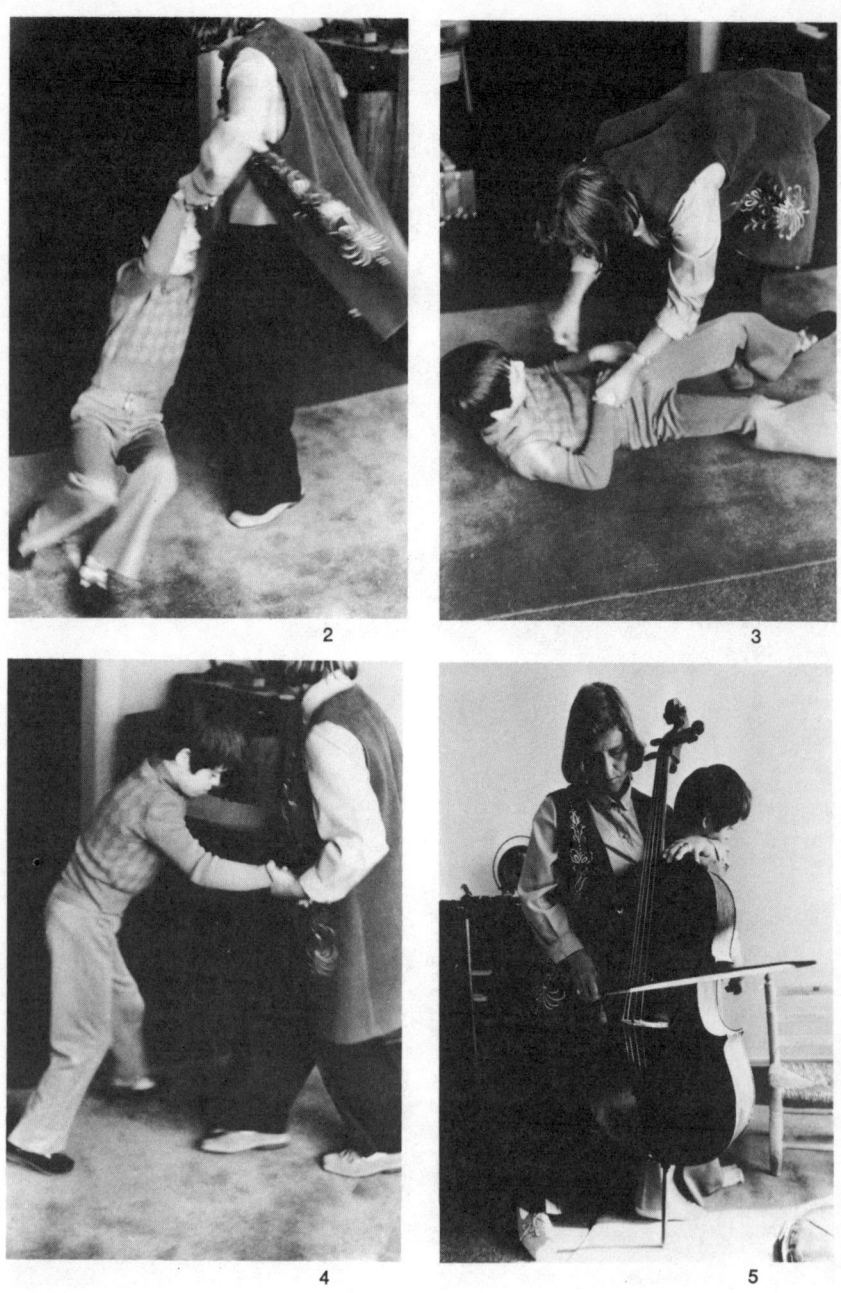

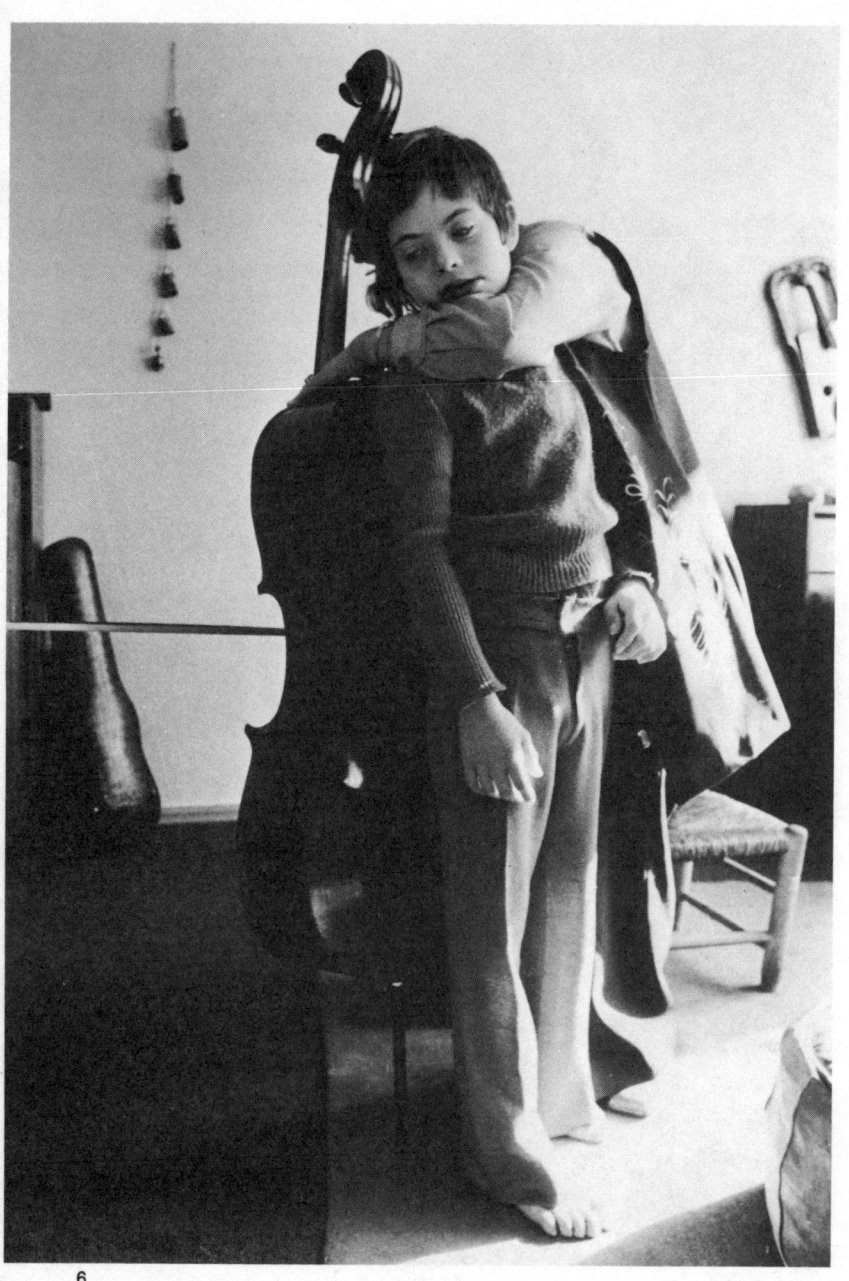

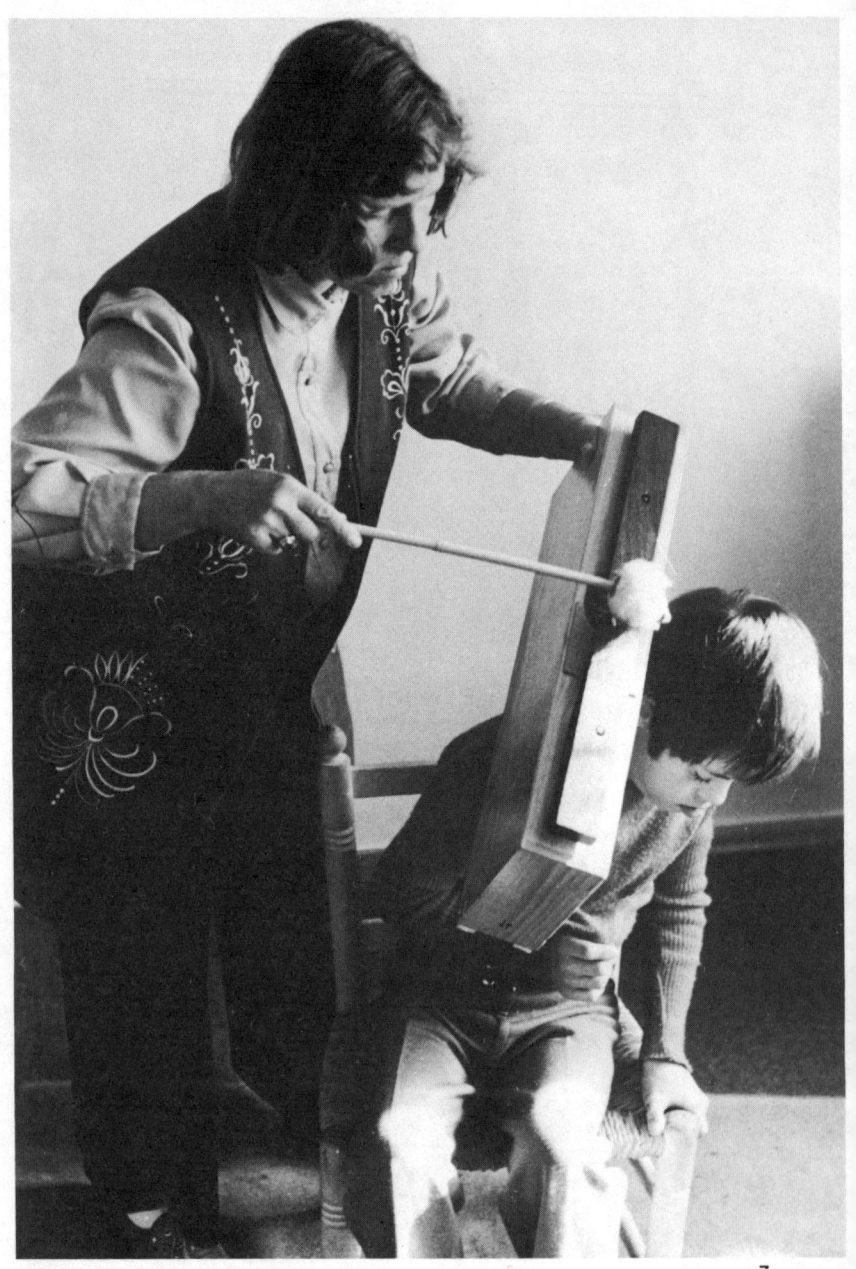

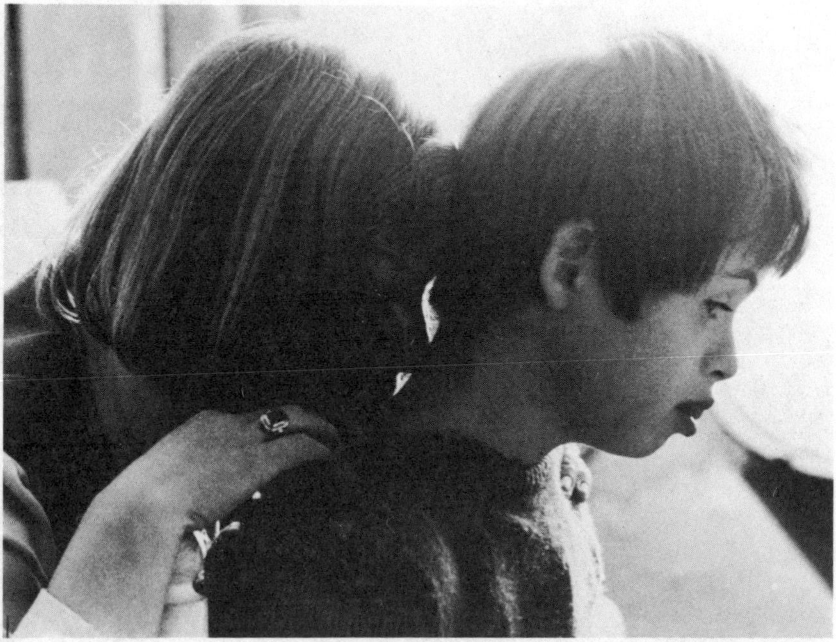

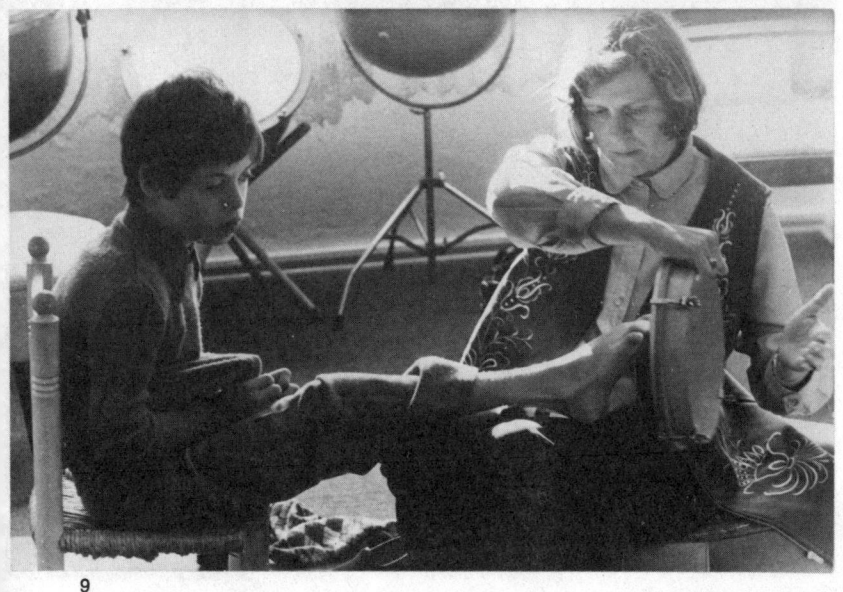

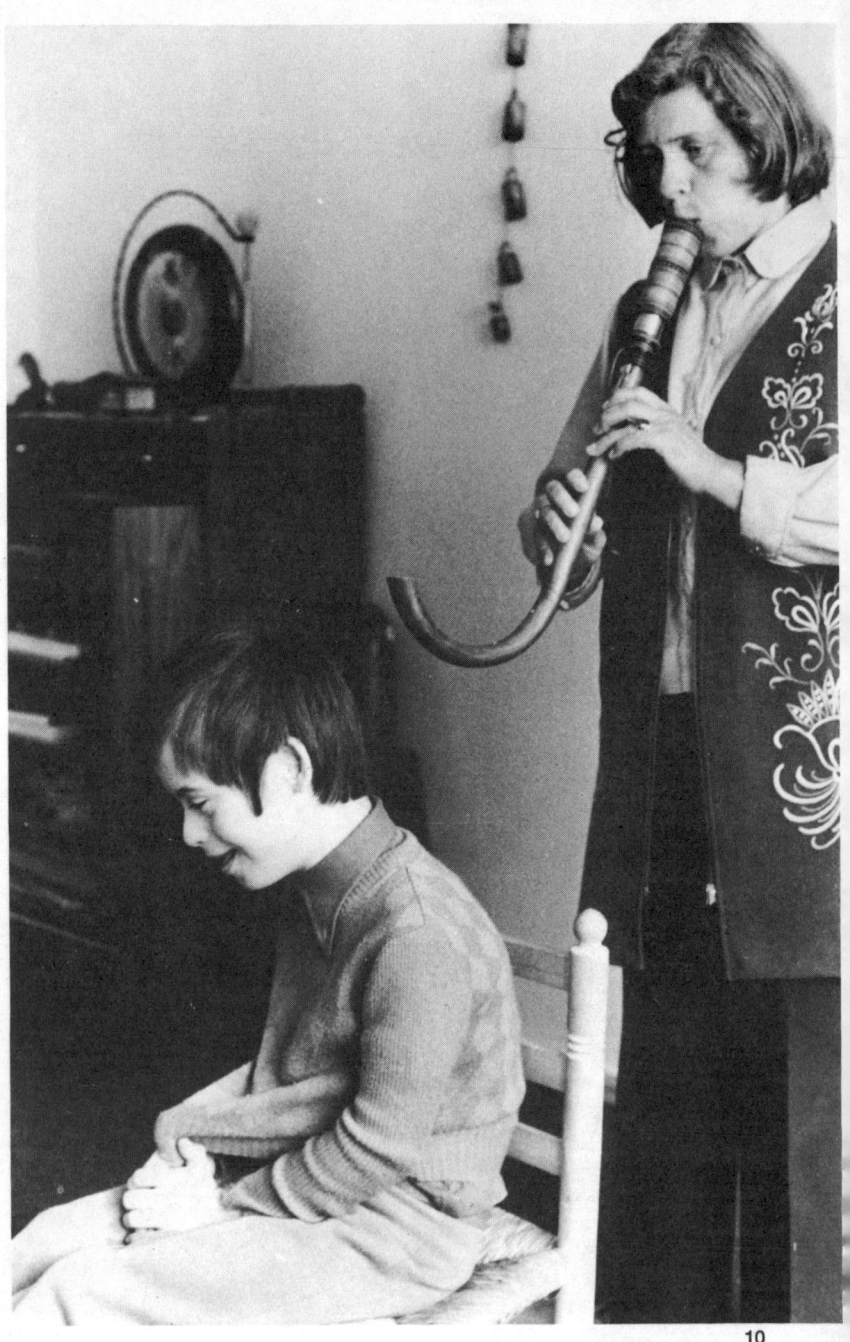

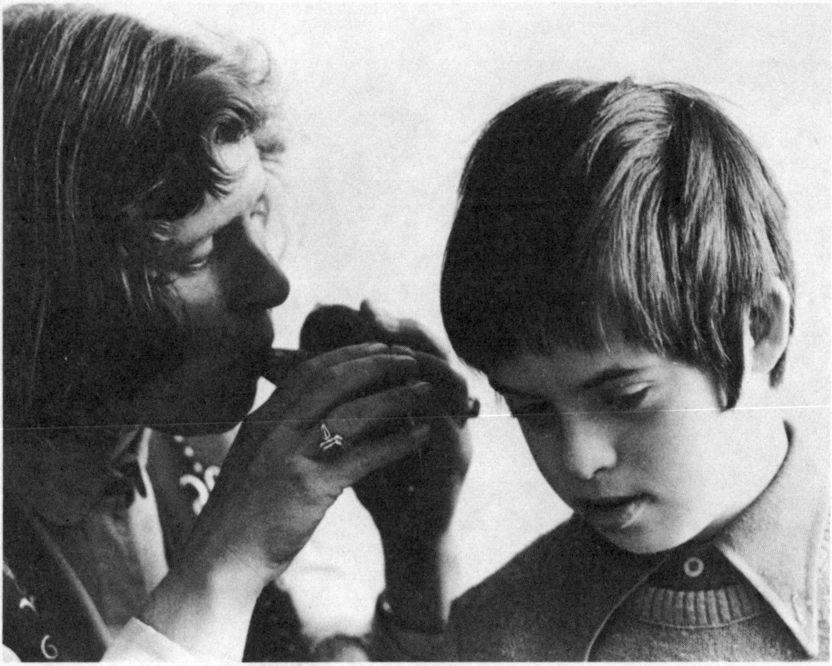

11

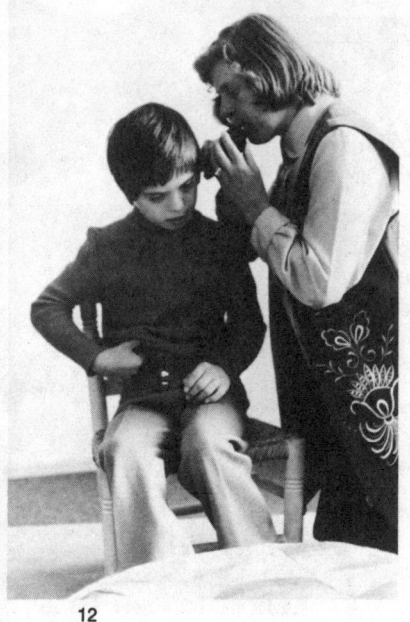
12

13

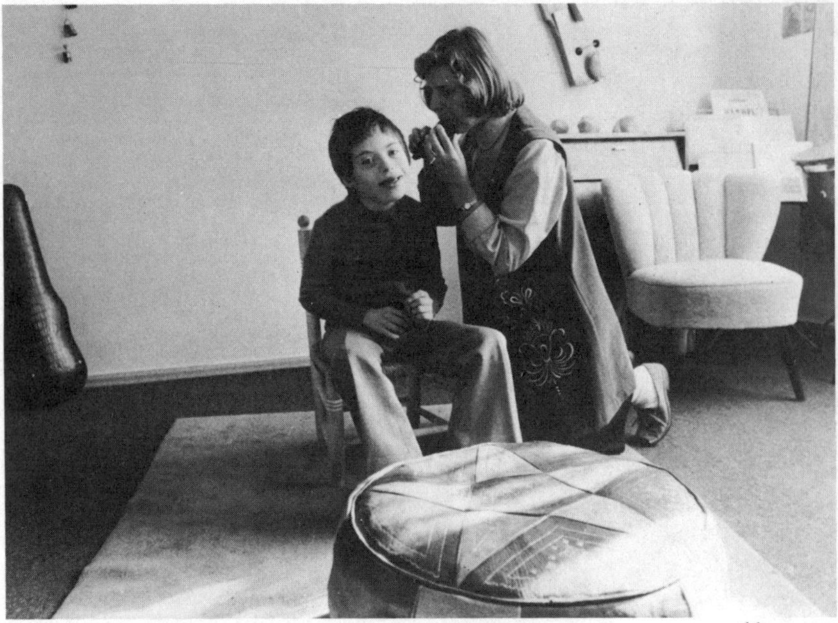

14

15

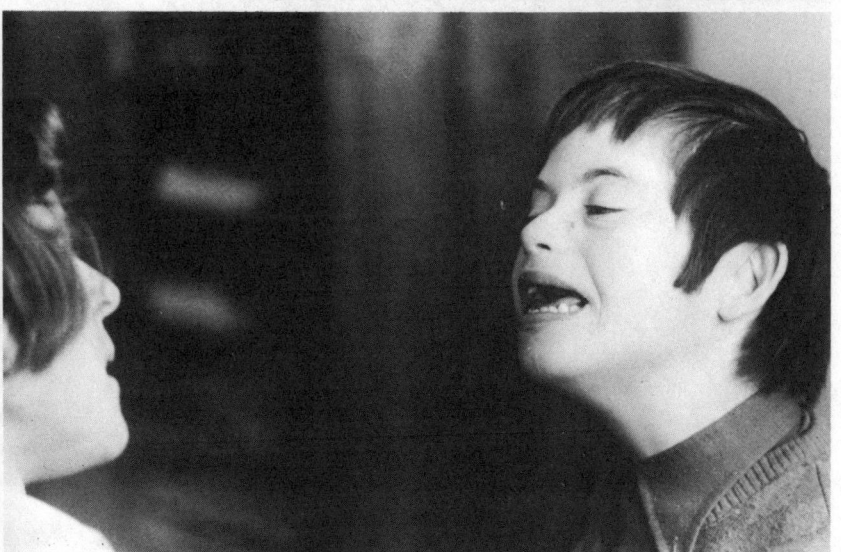

16

17

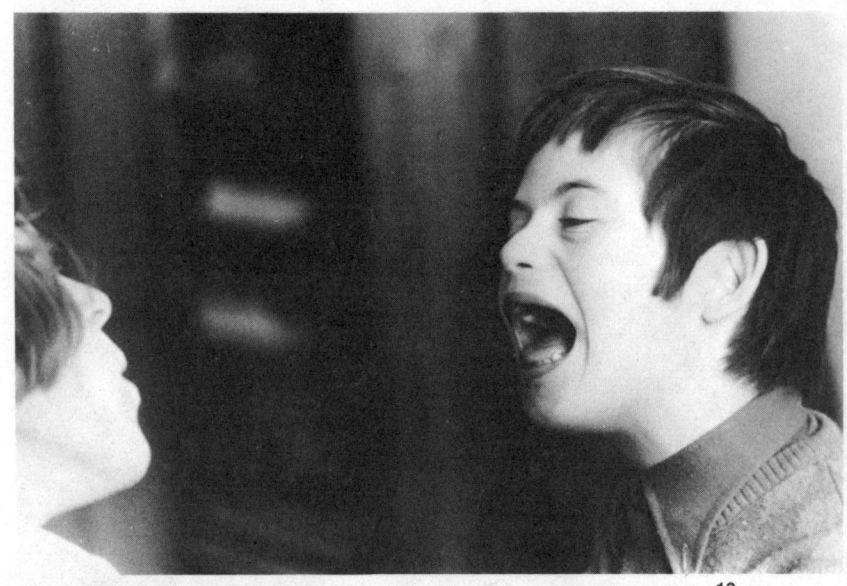

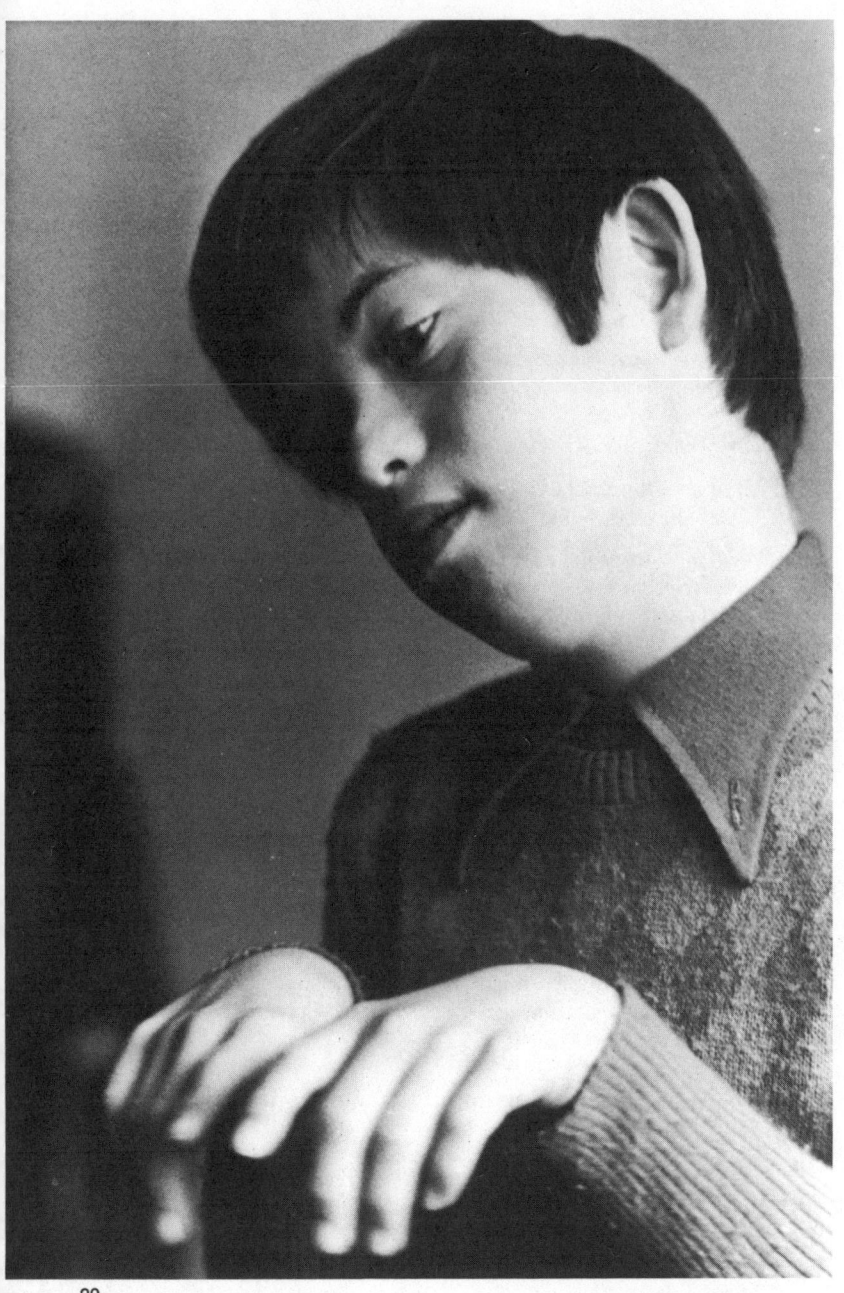

CARSTEN Hirnschaden nach Unfall, autistische Phänomene (s. Therapiebericht auf S. 148)

Bildserie: Tonschwingungsübertragung und Vibrationsübertragung mit Becken

Bild 1 Das über den Kopf geschwungene Becken wirkt entkrampfend über die Hirnströme (Versuche mit EEG) auf den ganzen Körper.

Bild 2 Die entkrampfende Wirkung kann aus dem Gesichtsausdruck des Knaben beim Vergleich der Bilder 1 und 2 erkannt werden.

Bild 3 Stereotype Bewegungsmuster beim Wegräumen der Becken, Pusten.

Bildserie: Tonschwingungsübertragung mit Cimbeln

Bild 4 Der Knabe beginnt auf die Klänge von zwei verschiedenen Cimbeln oder Becken zu lauschen.

Bild 5 Der Knabe bringt selbst erst unartikulierte Töne, dann wiederholbare geformte Töne von sich, Tonerzeugung als Vorstufe zur Lautanbahnung.

Bild 6 Der isolierte traurige Blick des Knaben wird wach und hellt sich auf.

Bild 7 Eigenes Spiel mit Cimbeln und Gong
Carsten spielt selbst auf zwei Cimbeln und einen Gong und singt dazu Töne.

Bildserie: Der Weg zur Eigenaktivität

Bild 8 Carsten hat noch keinen Blick-Kontakt

Bild 9 Carsten wirkt wie in einer Glasglocke. Die Paukenklänge erreichen ihn zuerst noch nicht.

Carsten beginnt dann zu den Paukenklängen zu laufen. Er zeigt Freude. Die Isolation ist durchbrochen. Später spielt er selbst auf der Pauke.

Bildserie: Tonschwingungsübertragung mit Okarina, Tonanbahnung

Bild 10 Der Knabe lauscht trillerartigen Tönen auf der Okarina, wendet den Kopf in Richtung der Tonerzeugung und erzeugt selbst trillerartige Töne.

Bild 11 Der Knabe greift selbst nach dem Instrument, die Eigenaktivität wurde geweckt.

Bild 12 Carsten ist gelöst und entspannt und beginnt, Freude zu zeigen, zu lachen.

Bildserie: Vibrationsübertragungen mit Stimmgabeln

Stimmgabeln verschiedener Stimmungen z. B. a 435 und a 440 oder a 435 und c 512 u. a. werden an die Schläfen und ans Felsenbein hinter den Ohren gehalten, später werden die Übungen durch unisono gesungene Töne verstärkt. Der Knabe bildet später die Töne nach, erst nach längerer Speicherungspause, dann in sich ständig verkürzendem Abstand, zuletzt spontan. Nach den Vibrationsübertragungen und Tonschwingungsübertragungen (s. Harald) mit verschiedenen Instrumenten, die der Tonanbahnung dienen, werden mit den Stimmgabeln gezielt feste Tonhöhen erarbeitet, die der Knabe nachzusingen lernt.

Bild 13 Übertragung auf die Schläfen

Bild 14 Übertragung aufs Felsenbein

Bild 15 Zuletzt greift der Knabe selbst nach den Stimmgabeln und steckt sie sich in die Ohren. Das Greifen weckt das Begreifen des Vorganges.

Bildserie: Sprachanbahnung mit dem Triangel

Bild 16 Bewußtmachung der Zunge

Bild 17 Gezielte Lautbildung

Bildserie: Gezielte Sprachanbahnung

Frontal, nachdem Töne und Laute erst von hinten übertragen und entwickelt wurden.

Bild 18 Nachahmung von Lauten

Bild 19 Sprache mit Sinnbezug
Carsten zeigt seine Körperteile, hier die Ohren.

Bild 20 Vibrationsübertragung mit der Doppelflöte auf den Kehlkopf (s. bei Harald).

Bildserie: Tobsuchtsanfall

Bild 21 Carsten geht auf die Therapeutin los

Bild 22 Würgegriff

Bild 23   Carsten umklammert das Instrument und schreit — Versuch negativer Kontaktaufnahme

Bild 24   Entspannung nach dem Leierspiel

Bild 25   Eigener Versuch, auf dem Instrument zu spielen.
Entspannter Gesichtsausdruck — Freude.

Bildserie: Carsten kann auch liebevoll sein

Bild 26, 27, 28 als Gegenbilder zu 21, 22, 23

Bild 26   Carsten läßt sich in den Arm nehmen, nachdem er vorher jeden taktilen Kontakt abgewiesen hatte. Die Therapeutin singt hinter dem Kind.

Bild 27   Carsten wiederholt eine lobende, streichelnde Geste der Therapeutin bei sich selbst. Er genießt den Eigenkontakt, das Lob.

Bild 28   Carsten ist liebebedürftig

Bildserie: Carsten mit seiner Mutter

Bild 29, 30   Carsten ist in seinem Zärtlichkeitsbedürfnis so stürmisch wie beim Toben. Ursprünglich war die Kontaktbereitschaft blockiert, sie richtete sich dann zuerst auf die Therapeutin als einziger Beziehungsperson, später auch auf die Eltern und andere Kontaktpersonen. Hier sitzt er nach der Therapiestunde mit seiner Mutter auf der Treppe.

Carsten in der Gruppentherapie, Therapiegruppe. Carsten konnte durch die Einzeltherapie für eine Gruppengemeinschaft aufgeschlossen werden.

Bild 31   Die Eisenbahn

Bildserie: Rhythmisches Bewegungsspiel

Bild 32   Jedes Kind braucht persönliche Ansprache
Carsten wirkt noch unbeteiligt.

Bild 33   Carsten beginnt am Gruppengeschehen teilzunehmen

Bild 34   Carsten macht mit, die Gruppe hat ihn mitgezogen

Bild 35   Carsten ist fröhlich und gelöst
Elisabeth räumt die Stühle weg.

Auf Wiedersehen!

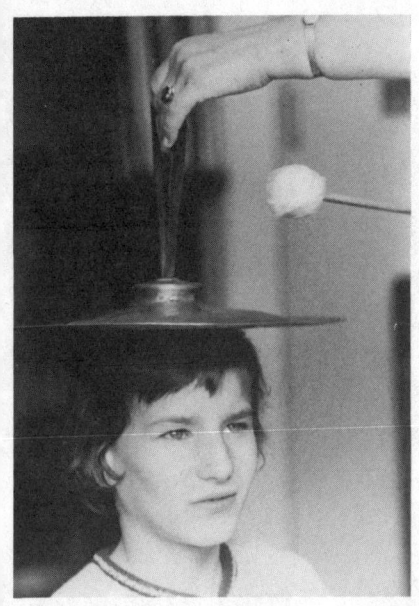
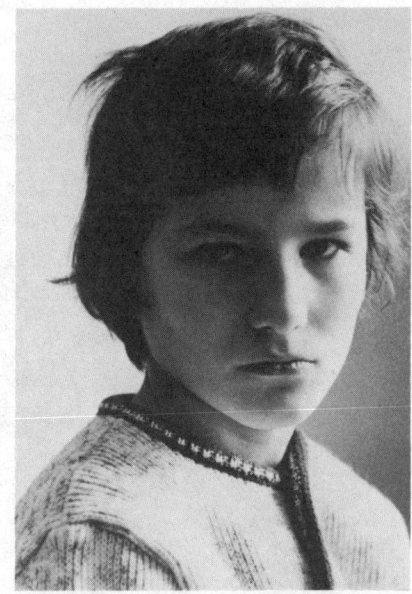

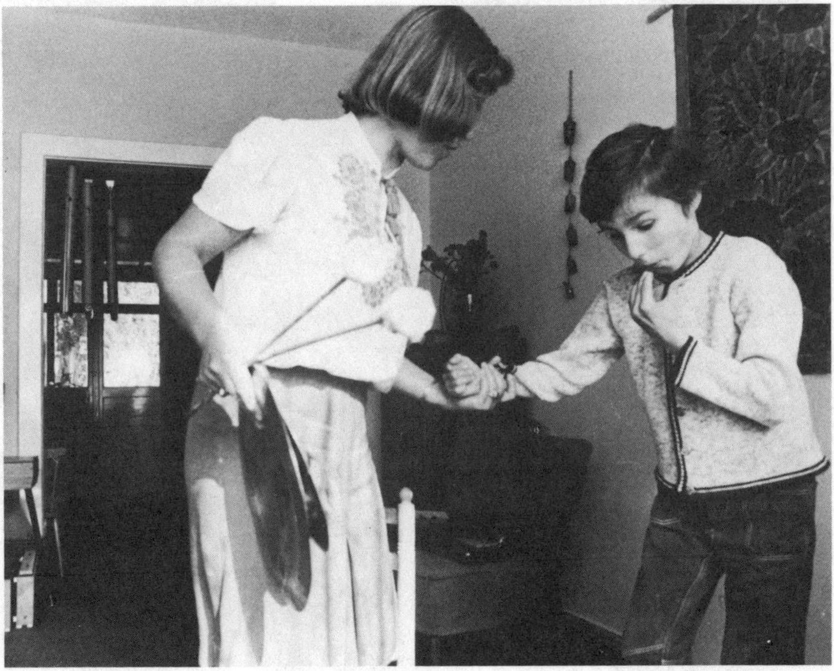

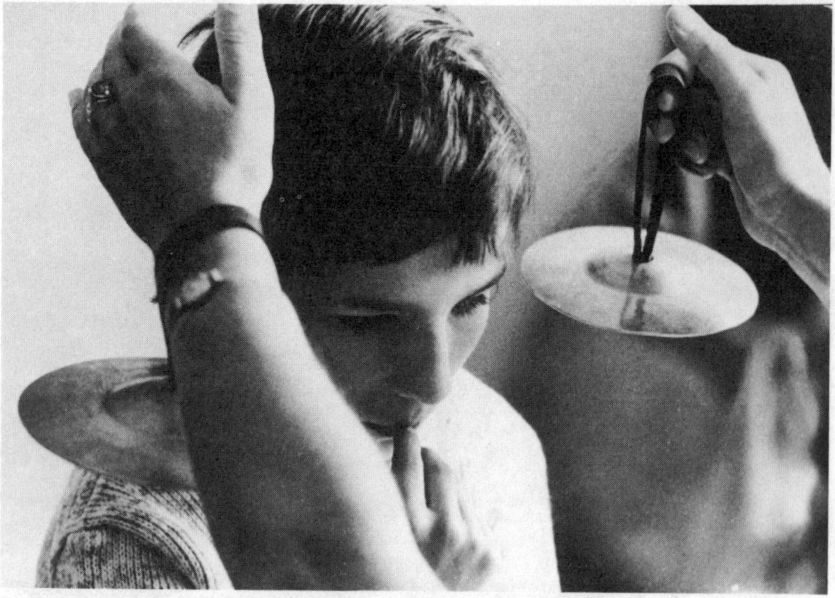

4

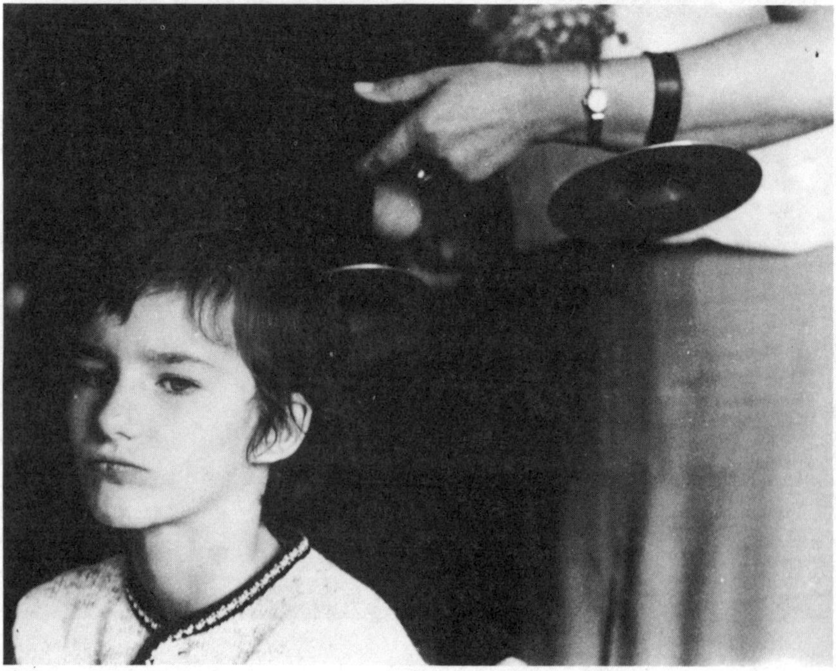

5

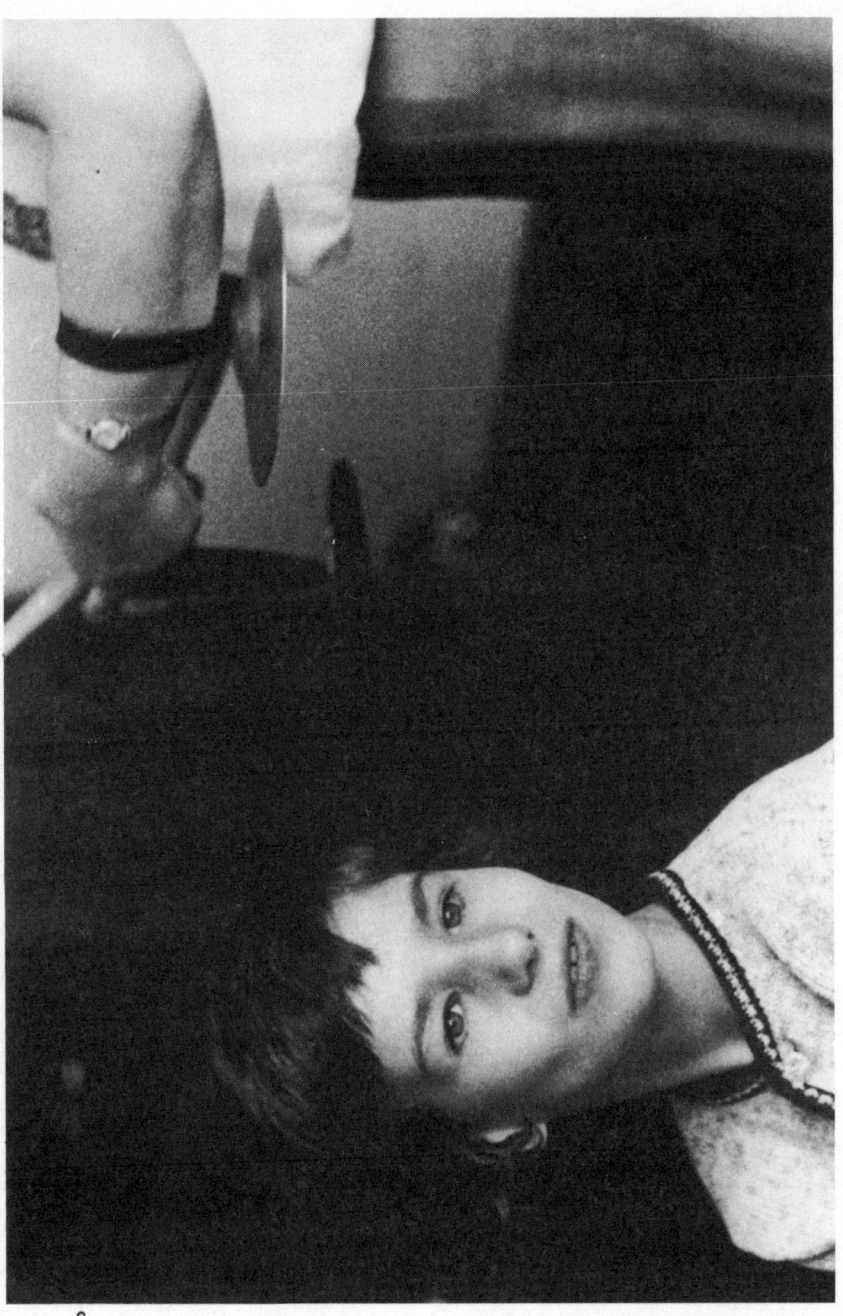

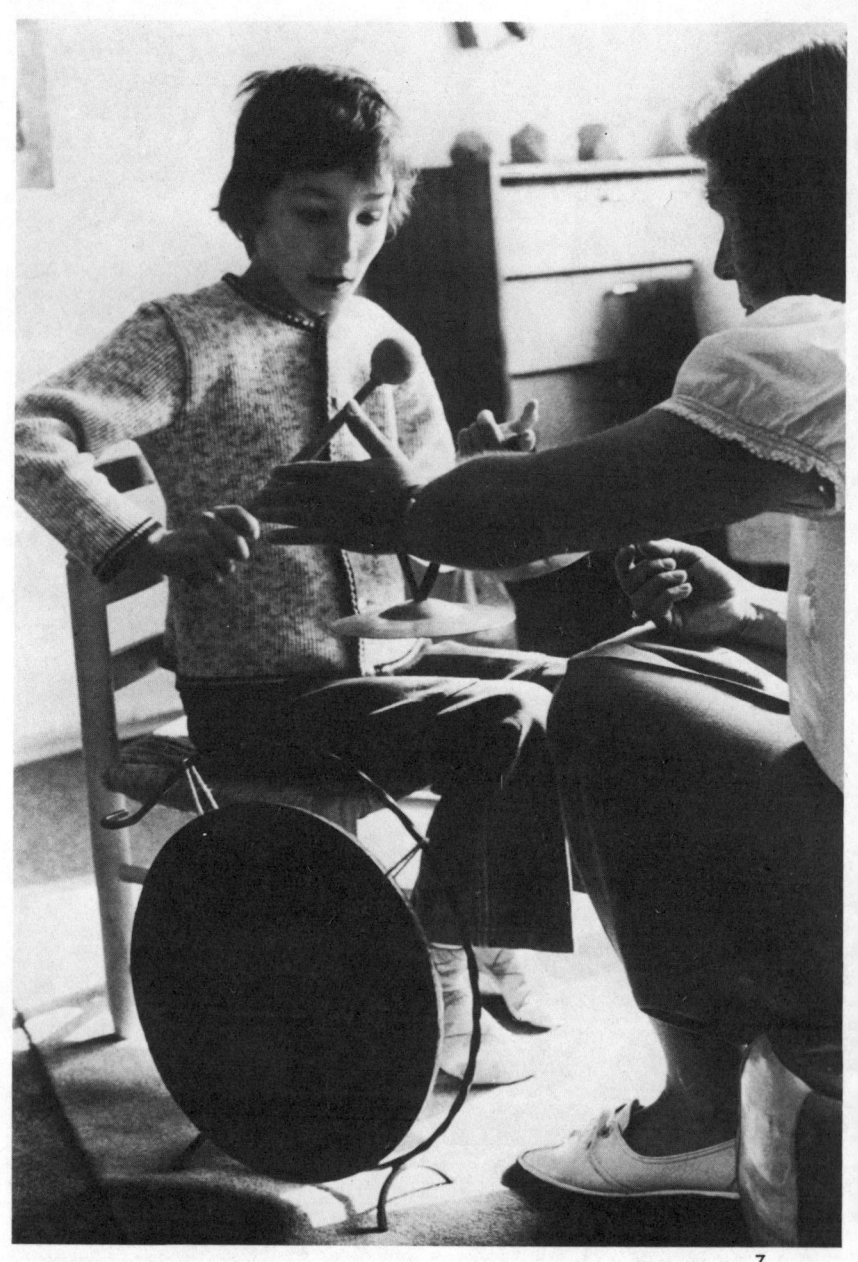

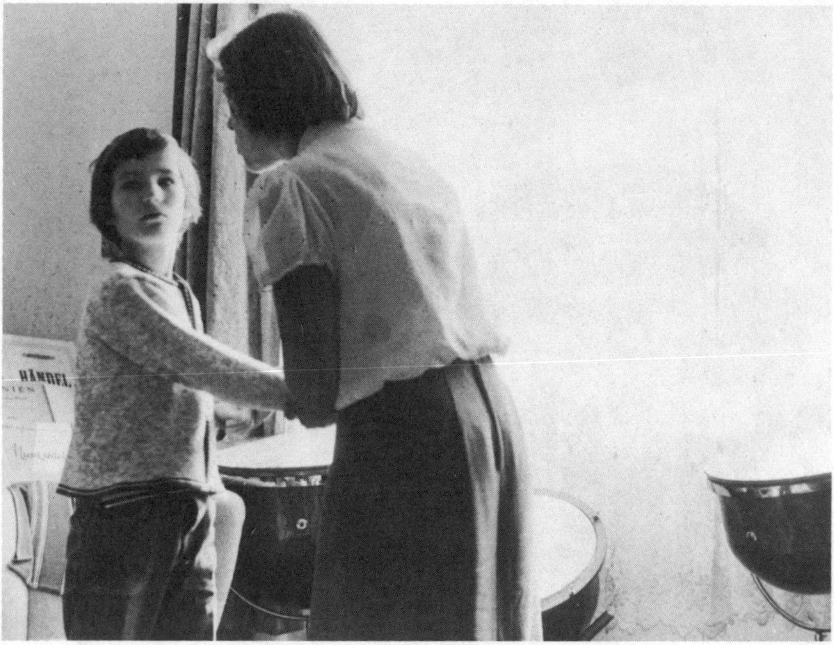

8

9

181

10

11

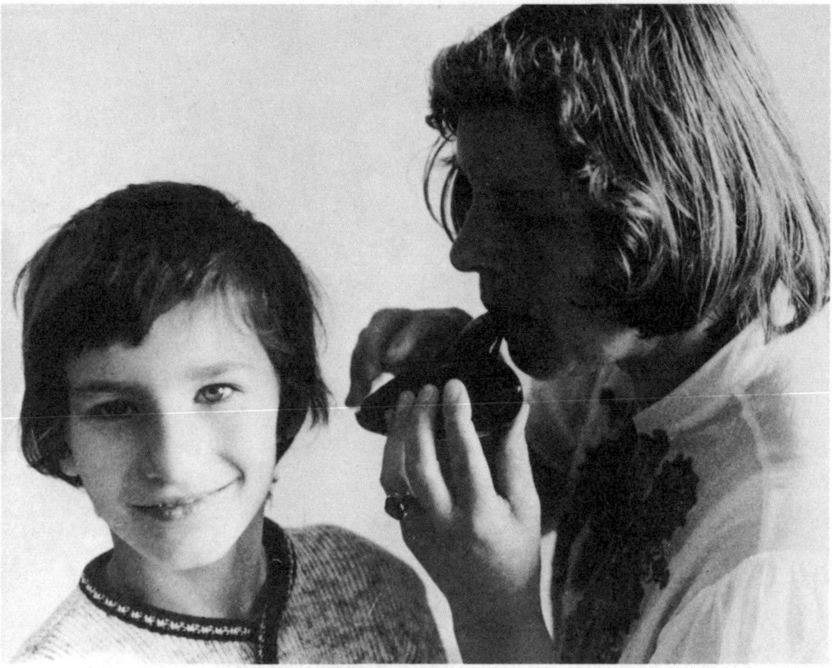

12

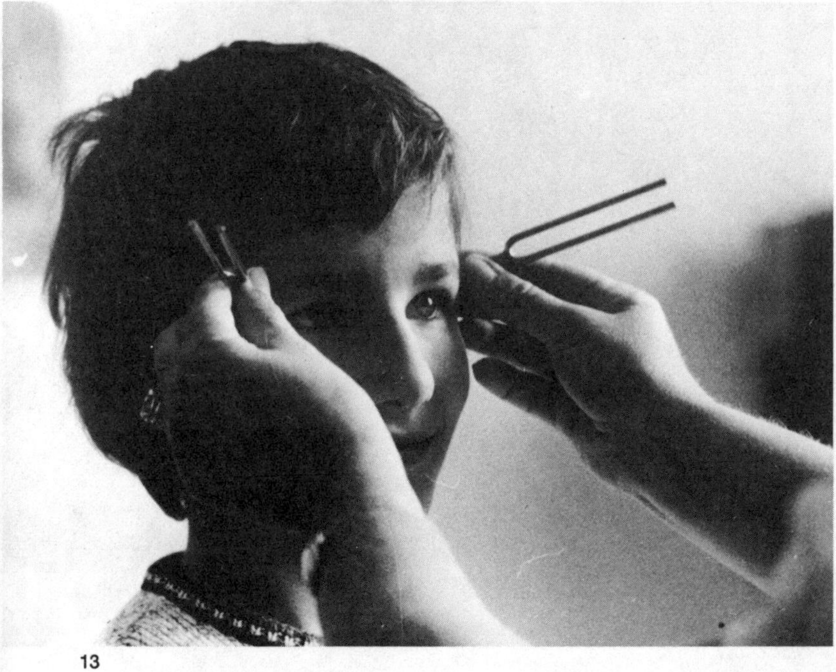

13

183

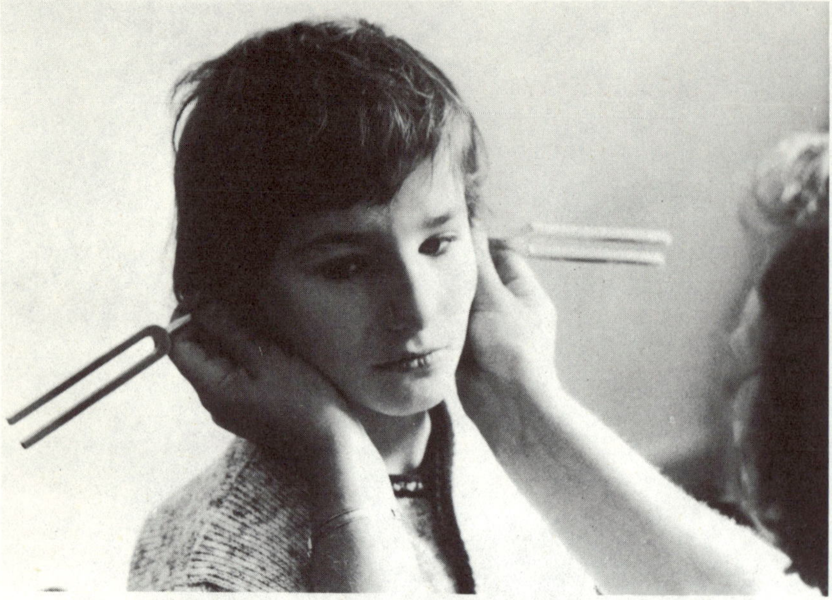

14

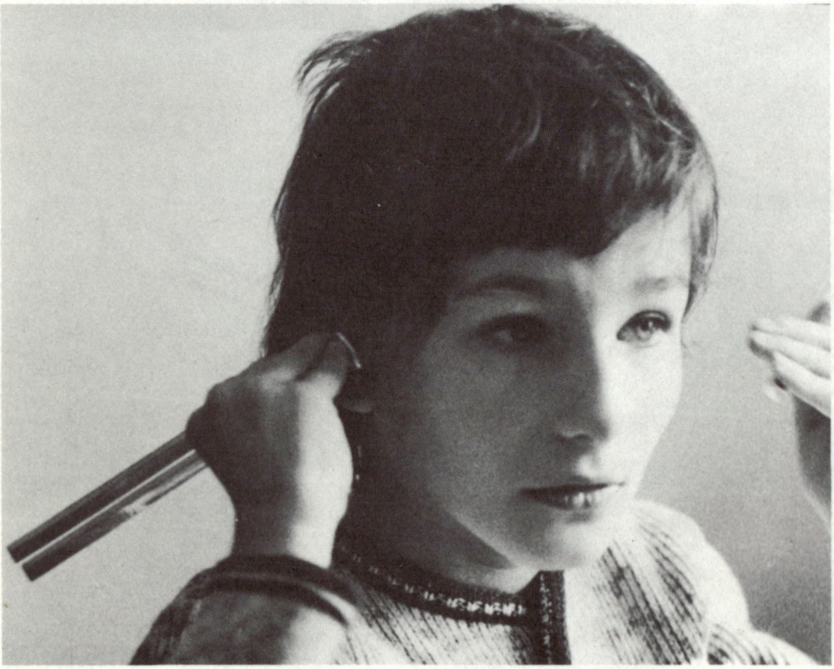

15

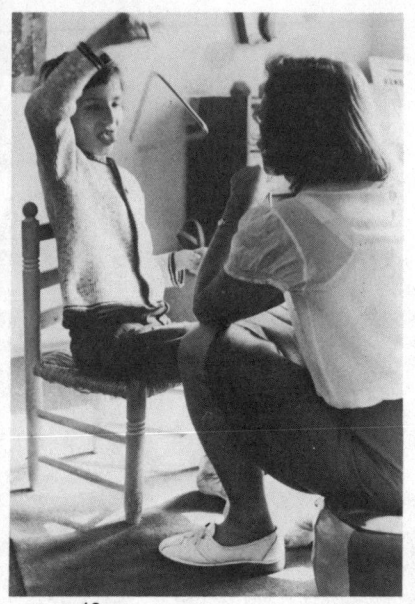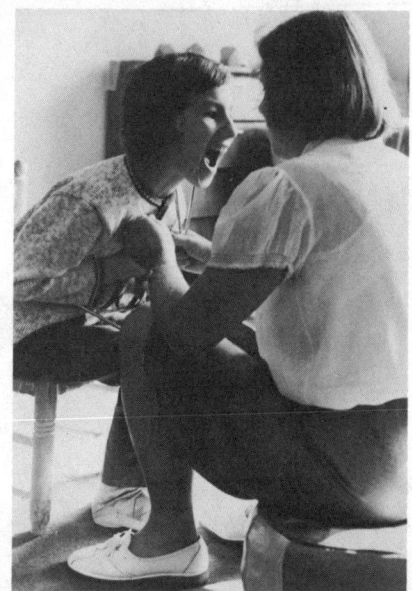

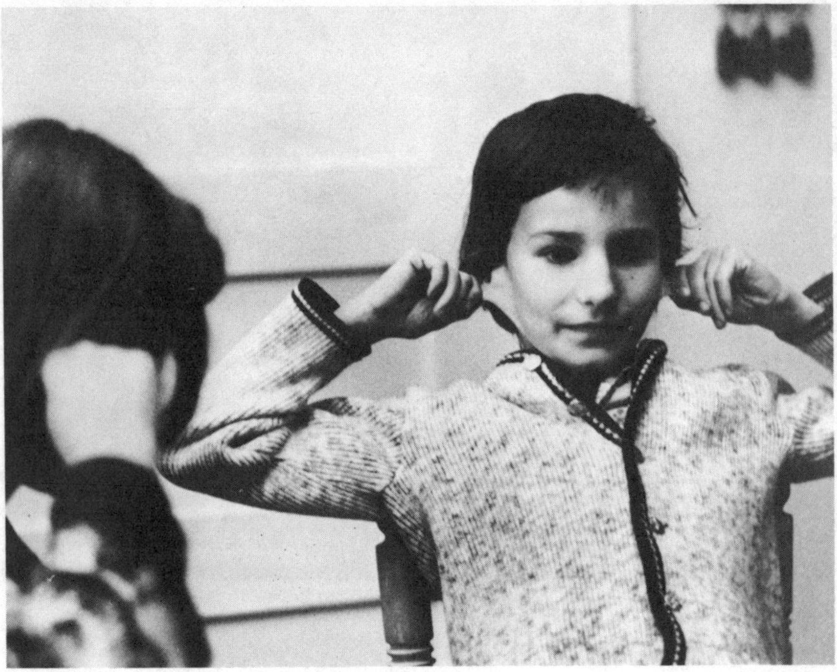

19

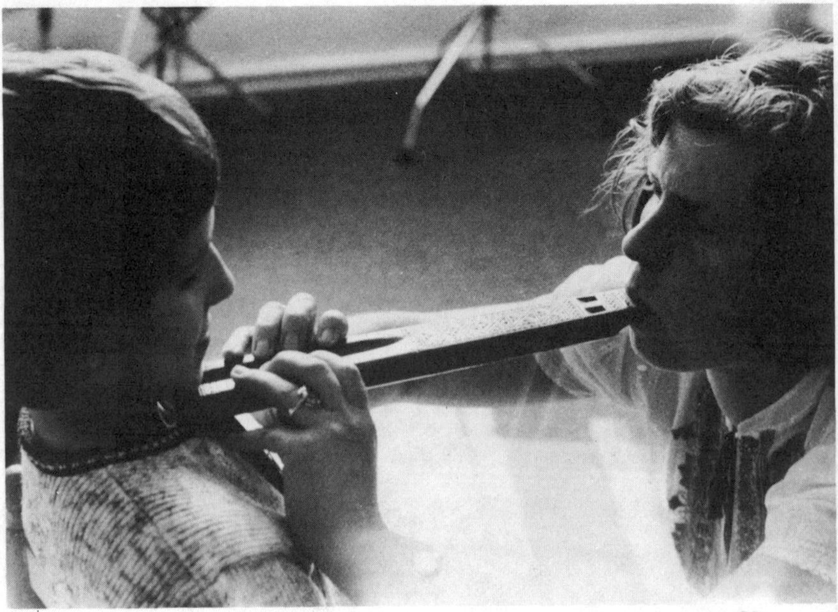

20

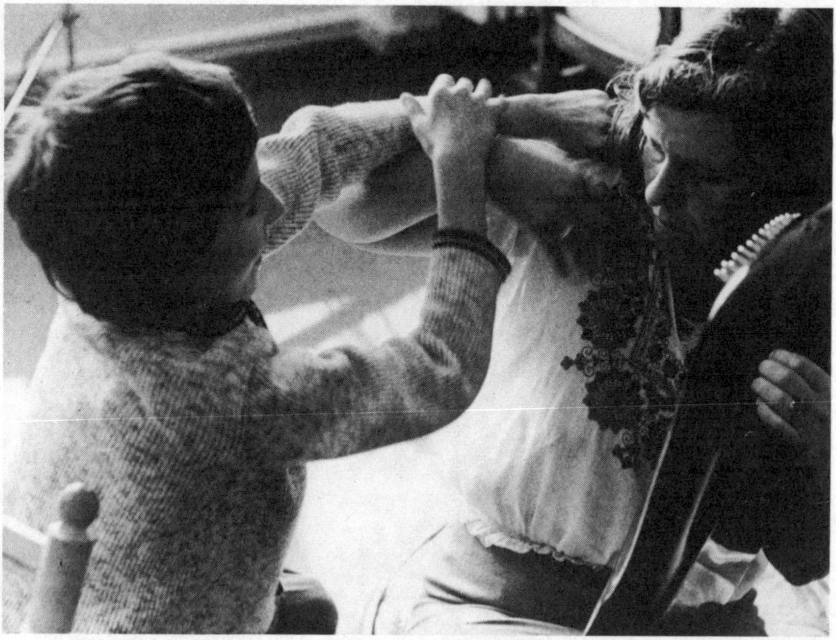

21

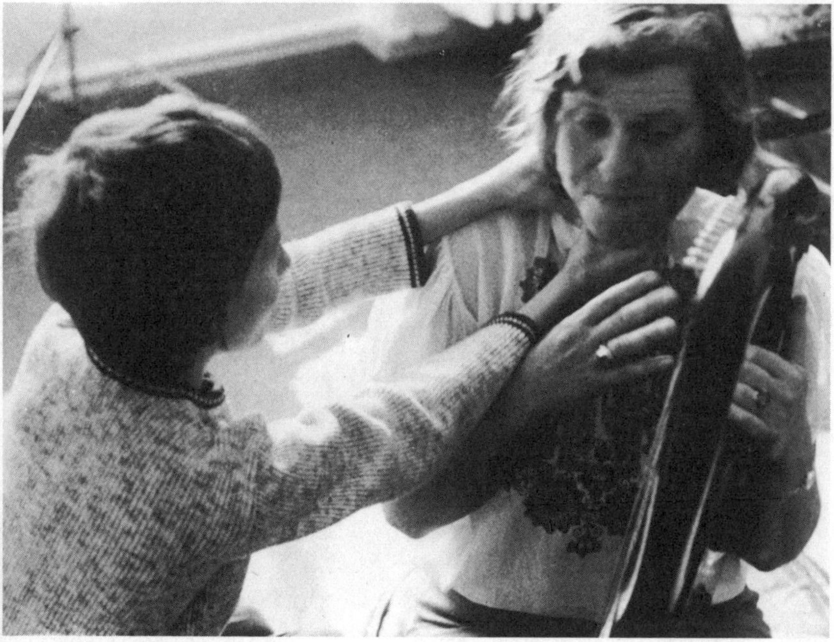

22

23

24

25

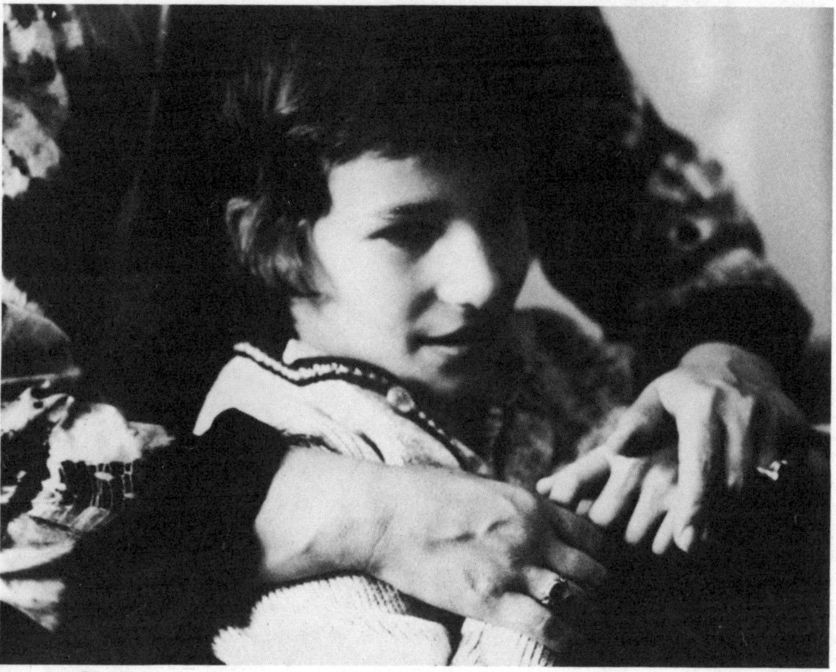

26

189

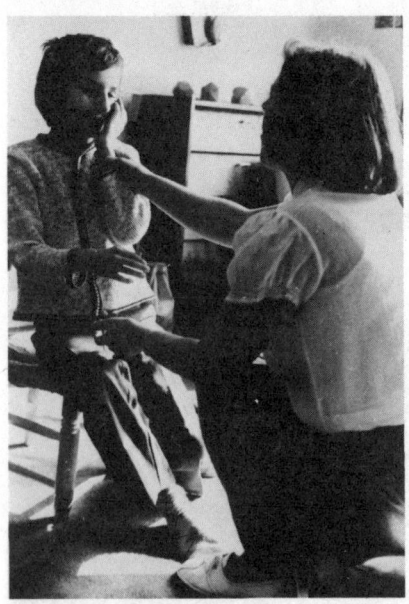
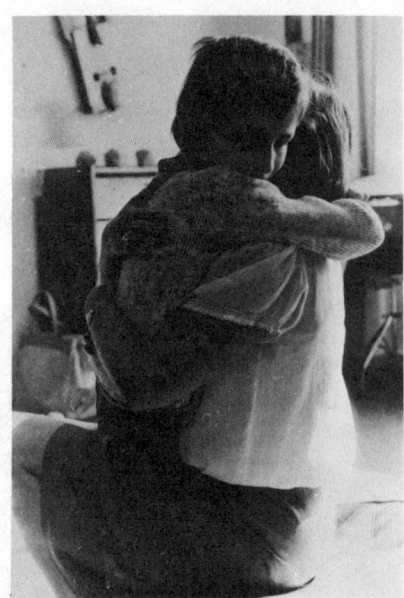

31

192

32

33

34

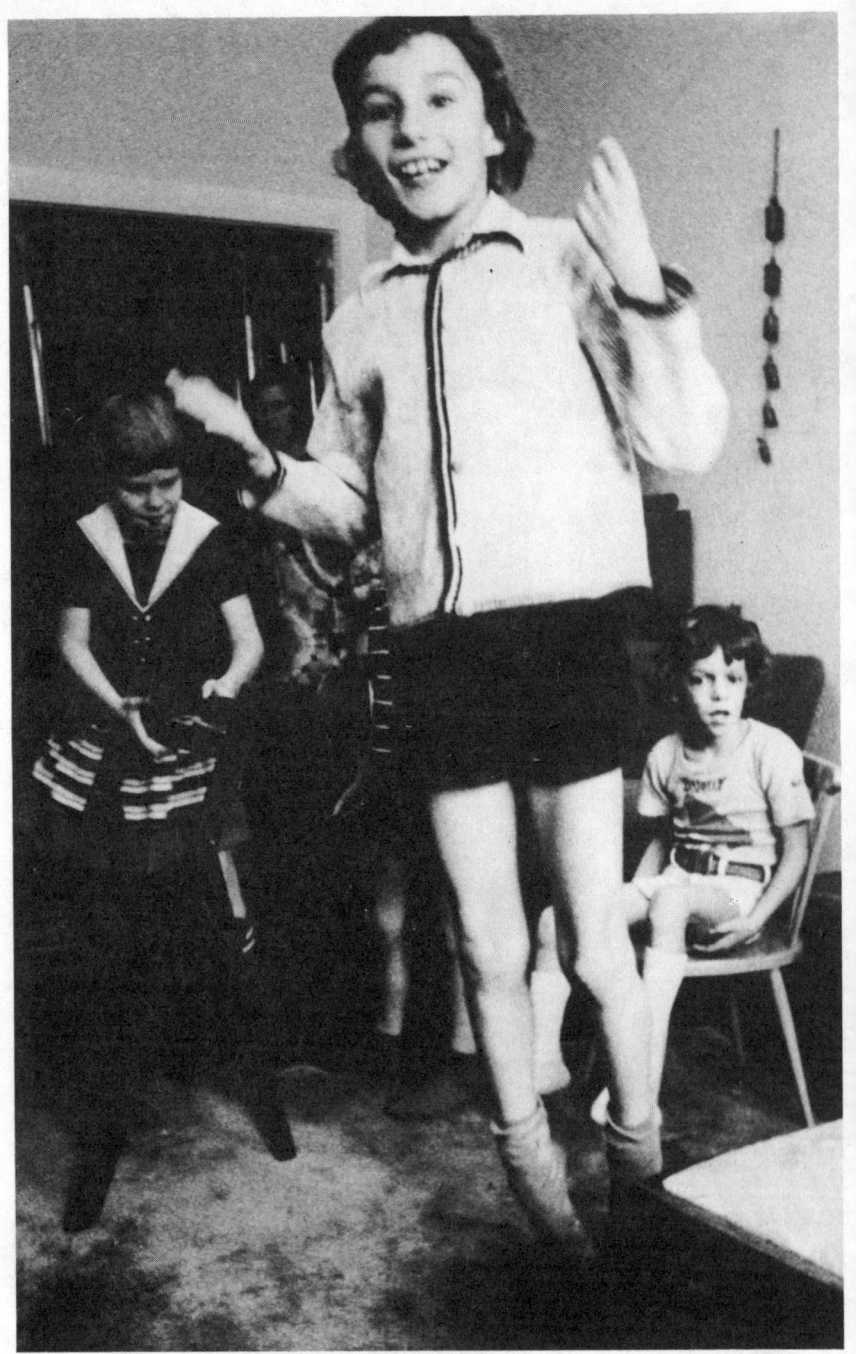

Schluß

Krankheit ist eine Akkordverschiebung innerhalb einer unteilbaren Ganzheit.

Therapie ist ein Zurechtrücken des Ver-rücktseins, ein Auflösen einer Dissonanz in eine Konsonanz.

ERGÄNZENDE LITERATUR

Prof. L. Eberhard:
Heilkräfte der Farben
4. Auflage, 12.—16. Tsd., 160 Seiten, Zellglaskarton

Farben sind lebendige Kräfte, Quellen der Stärkung, wenn wir sie uns richtig dienstbar machen. Richtig angewandt wirken Farben vorbeugend auf Gesunde sowie *heilend* auf Kranke. Das Buch behandelt u. a. Goethes Farbenlehre.

Sophie Bollier-Rodelli:
Händeübungen als Heilgymnastik
3. Auflage, 7.—9. Tsd., 80 Seiten mit 26 Abbildungen

Die Hände als Charakterbild und Instrumente der Selbsthilfe. Leichtfaßliche Methode zur Lockerung von Verkrampfungen. Ein neuer Weg zu körperlichem und geistigem Wohlbefinden.

Edmond Szekely:
Heliand — Evangelium des vollkommenen Lebens
7. Auflage, 31.—35. Tsd., 96 Seiten, Zellglaskarton

Die Gesundheitslehren einer altslawischen und einer aramäischen Evangelien-Handschrift aus der Bibliothek des Vatikans. Dieses Buch stellt einen Auszug aus dem aramäischen Urtext dar.

Werner Zimmermann:
Wege zur Gesundheit
5. Auflage, 17.—19. Tsd., 80 Seiten mit 10 Bildern

Ein Querschnitt durch die gesamte Lebensform; angefangen von naturgemäßen Gewohnheiten, auf biologischen Landbau eingehend, führt uns Werner Zimmermann zu Körperpflege und Bewegung, wobei er alle natürlichen Lebensformen anspricht.

Dr. Leung-Tit-Sang:
Akupunktur und Räucherung mit Moxa
3. Auflage, 7.–9. Tsd., 80 Seiten mit 33 Bildern

Dr. Leung ist ein Praktiker, der es versteht, in sehr klarer und überzeugender Weise Akupunktur und Behandlung mit Moxa zu umreißen und dem biologischen Therapeuten praktische Anleitungen zu geben.

C. G. Dahn:
Sinn und Unsinn in der Medizin
3. Auflage, 7.–10. Tsd., 160 Seiten, Zellglaskarton

Der verantwortungsvolle Heilpraktiker begrüßt jede Zusammenarbeit mit dem Arzt, weil ihm die Gesundheit des Patienten wichtig ist. Ein Heilpraktiker kann niemals einen Arzt ersetzen. Ein Arzt kann jedoch auch niemals einen Heilpraktiker ersetzen; denn beide wirken auf grundverschiedenen Ebenen, ja denken und leben in verschiedenen Welten.

Der Autor packt schonungslos aus. Es wird erstmalig nachgewiesen, daß Heilpraktiker keine eigenbrödlerischen Sonderlinge sind. Vielmehr: Sie alle stehen und arbeiten auf einem gemeinsamen Boden, dem alle Untersuchungs- und Behandlungs-Methoden entstammen.

Diese Methoden und Therapie-Möglichkeiten werden in dem vorliegenden Buch detailliert erläutert; fachlich, aber für jeden Laien verständlich.

Gesamt-Buchspiegel mit ca. 140 Werken erhalten Sie vom:

DREI EICHEN VERLAG

Postfach 600 115

8000 München 60

NOTIZEN

NOTIZEN

NOTIZEN

NOTIZEN

NOTIZEN